Emily Dickinson 1848

Emily Dickinson

Guten Morgen, Mitternacht

Gedichte und Briefe

Zweite erweiterte Ausgabe
ausgewählt und übertragen
von

Lola Gruenthal

Henssel

Die englischen Texte wurden unverändert gedruckt
nach der Ausgabe der Harvard University Press Cambridge 1955

Die Deutsche Bibliothek – CIP-Einheitsaufnahme
Dickinson, Emily:
Guten Morgen, Mitternacht: Gedichte und Briefe /
von Lola Gruenthal. Ausgew. und übertr. von Lola Gruenthal. –
2., erw. Aufl. – Berlin: Henssel, 1992
ISBN 3-87329-142-8
NE: Gruenthal, Lola [Hrsg.]

Satz und Druck: Druckhaus Langenscheidt · Berlin
Einband: Schöneberger Buchbinderei · Berlin

GEDICHTE

I never lost as much but twice,
And that was in the sod.
Twice have I stood a beggar
Before the door of God!

Angels – twice descending
Reimbursed my store –
Burglar! Banker – Father!
I am poor once more!

If I should die,
And you should live –
And time sh'd gurgle on –
And morn sh'd beam –
And noon should burn –
As it has usual done –
If Birds should build as early
And Bees as bustling go –
One might depart at option
From enterprise below!
Tis sweet to know that stocks will stand
When we with Daisies lie –
That Commerce will continue –
And Trades as briskly fly –
It makes the parting tranquil
And keeps the soul serene –
That gentlemen so sprightly
Conduct the pleasing scene!

Zweimal nahm das Grab mir mehr
Als ich je verlor.
Zweimal stand als Bettlerin
Ich vor Gottes Tor!

Zweimal haben Engel
Den Verlust ersetzt –
Räuber! Bankherr – Vater!
Ich bin arm auch jetzt!

Wenn ich sterben sollt'
Und du leben bleibst –
Und die Zeit geht sprudelnd hin –
Und der Morgen strahlt –
Und der Mittag glüht –
Wie von Anbeginn –
Wenn Vögel früh am Bauen sind
Und Bienen gleichfalls rege,
Dann löste man aus freier Wahl
Die irdischen Verträge!
Es tröstet, daß die Aktien stehn,
Wenn wir im Grabe liegen,
Daß die Geschäfte weitergehn –
Und flott die Frachten fliegen –
Es macht den Abschied heiter,
Da unsere Seele spürt:
Das muntere Stück auf Erden
Wird glänzend inszeniert!

Our lives are Swiss –
So still – so Cool –
Till some odd afternoon
The Alps neglect their Curtains
And we look farther on!

Italy stands the other side!
While like a guard between –
The Solemn Alps –
The siren Alps
Forever intervene!

I have a King, who does not speak –
So – wondering – thro' the hours meek
I trudge the day away –
Half glad when it is night, and sleep,
If, haply, thro' a dream, to peep
In Parlors, shut by day.

And if I do – when morning comes –
It is as if a hundred drums
Did round my pillow roll,
And shouts fill all my Childish sky,
And Bells keep saying 'Victory'
From steeples in my soul!

And if I dont – the little Bird
Within the Orchard, is not heard,
And I omit to pray
'Father, thy will be done' today
For my will goes the other way,
And it were perjury!

Wir leben schweizerisch –
So still – so kühl –
Bis irgendeines nachmittags
Der Vorhang bei den Alpen fehlt
Und wir die Ferne sehn!

Italien liegt da drüben!
Als Wache dazwischen stehn
Erhaben – die Alpen –
Becircend – die Alpen
Und mischen sich ewig ein!

Mein König hat für mich kein Wort –
So schleppe ich die Stunden fort
Wie eine müde Magd –
Halb froh, bei Nacht zu Bett zu gehn,
Durch Träume Räume zu erspähn,
Die mir der Tag versagt.

Wenn das geschieht – dann kommt der Tag
Mit hundertfachem Trommelschlag,
Als wär's ein Freudensturm.
Mein Kinderhimmel schallt von Schrein,
Die Seele ruft: ‚Der Sieg ist dein'
Aus ihrem Glockenturm!

Wenn nicht – dann dringt kein Vöglein mehr
Vom Garten ein in mein Gehör –
Ich spreche kein Gebet:
Dein Wille, Herr, geschieht heut nicht,
Weil ihm mein Wille widerspricht
Und Meineid Sünde wär!

Surgeons must be very careful
When they take the knife!
Underneath their fine incisions
Stirs the Culprit – *Life!*

Water, is taught by thirst.
Land – by the Oceans passed.
Transport – by throe –
Peace – by it's battles told –
Love, by Memorial Mold –
Birds, by the Snow.

"Faith" is a fine invention
When Gentlemen can *see* –
But *Microscopes* are prudent
In an Emergency.

I shall know why – when Time is over –
And I have ceased to wonder why –
Christ will explain each separate anguish
In the fair schoolroom of the sky –

He will tell me what "Peter" promised –
And I – for wonder at his woe –
I shall forget the drop of Anguish
That scalds me now – that scalds me now!

Ärzte sollten sehr behutsam
Ihre Messer heben!
Unter ihren feinen Schnitten
Zuckt der Sünder Leben!

Wasser wird vom Durst gelehrt.
Land – von Hochseefahrten.
Seligkeit – vom Weh –
Friede – von der Schlachten Zahl –
Liebe vom Gedächtnismal –
Vögel vom Schnee.

Der Glaube als Erfindung dient
Den Herrn, sofern sie klar sehn;
Doch Umsicht lehrt das Mikroskop,
Wenn wir uns in Gefahr sehn.

Ich werde wissen warum – wenn die Zeit vorbei ist –
Und ich nicht mehr frage nach dem Warum –
Christus wird jede einzelne Qual erklären
In seinem lichten himmlischen Klassenraum –

Er wird mir erzählen, was „Petrus" versprach –
Und ich – bewundernd um sein Weh bemüht –
Ich werde den Tropfen Qual vergessen,
Der heut noch glüht – der heut noch glüht!

I taste a liquor never brewed –
From Tankards scooped in Pearl –
Not all the Vats upon the Rhine
Yield such an Alcohol!

Inebriate of Air – am I –
And Debauchee of Dew –
Reeling – thro endless summer days –
From inns of Molten Blue –

When "Landlords" turn the drunken Bee
Out of the Foxglove's door –
When Butterflies – renounce their "drams" –
I shall but drink the more!

Till Seraphs swing their snowy Hats –
And Saints – to windows run –
To see the little Tippler
Leaning against the – Sun –

Wild Nights – Wild Nights!
Were I with thee
Wild Nights should be
Our luxury!

Futile – the Winds –
To a Heart in port –
Done with the Compass –
Done with the Chart!

Rowing in Eden –
Ah, the Sea!
Might I but moor – Tonight –
In Thee!

Ich koste nie gebrauten Trank –
Aus perlendem Pokal –
Kein Faß am ganzen Rhein enthält
Solch einen Alkohol!

Lusttrunken von der Luft bin ich –
Und sinnberauscht vom Tau –
Durch Sommertage taumle ich –
Stammgast im Schmelzendblau –

Jagt selbst der Wirt vom „Fingerhut"
Die Biene vor die Tür –
Entsagt der Schmetterling dem Schnaps –
Ich trink noch mehr dafür!

Bis Heilige an den Fenstern stehn –
Und Engel – weißbemützt –
Sich drängen – mich beschwipst zu sehn,
Aufs Sonnenlicht – gestützt –

Wilde Nächte – Wilde Nächte!
Mit dir zu sein –
Wilde Nächte wären Luxus
Für uns allein!

Nutzlos – die Winde –
Für ein Herz im Port –
Fort mit dem Kompaß –
Die Karte fort!

Rudernd in Eden –
Ach, das Meer!
Daß ich in dir – heut nacht –
Verankert wär'!

I can wade Grief –
Whole Pools of it –
I'm used to that –
But the least push of Joy
Breaks up my feet –
And I tip – drunken –
Let no Pebble – smile –
'Twas the New Liquor –
That was all!

Power is only Pain –
Stranded, thro' Discipline,
Till Weights – will hang –
Give Balm – to Giants –
And they'll wilt, like Men –
Give Himmaleh –
They'll Carry – Him!

"Hope" is the thing with feathers –
That perches in the soul –
And sings the tune without the words –
And never stops – at all –

And sweetest – in the Gale – is heard –
And sore must be the storm –
That could abash the little Bird
That kept so many warm –

I've heard it in the chillest land –
And on the strangest Sea –
Yet, never, in Extremity,
It asked a crumb – of Me.

Durch Leid zu waten –
Durch ganze Lachen –
Bin ich gewohnt –
Doch jeder Freudenstoß
Bricht mir den Fuß –
Ich strauchle – trunken –
Lächle nicht – Kieselstein –
Es war der neue Trank –
Nichts als das!

Stärke ist auch nur Schmerz –
Gesträhnt durch Disziplin,
Bis er Gewichte hält –
Gib Balsam den Titanen,
Sie werden menschlich-schlaff –
Gib Himalaja –
Sie tragen ihn!

„Hoffnung" ist das Federding, das
In der Seele schwingt –
Und die Lieder ohne Worte –
Ohne Ende singt –

Das man – süßer noch – im Lärme
Schwerer Stürme hört –
Ist ein Vöglein, dessen Wärme
Keinem sich verwehrt –

Ich hört' es in dem kält'sten Land –
Und auf dem fernsten Meer –
Doch wenn es selbst verhungert wär',
Kein Krümchen nahm's von mir.

A Shady friend – for Torrid days –
Is easier to find –
Than one of higher temperature
For Frigid – hour of Mind –

The Vane a little to the East –
Scares Muslin souls – away –
If Broadcloth Hearts are firmer –
Than those of Organdy –

Who is to blame? The Weaver?
Ah, the bewildering thread!
The Tapestries of Paradise
So notelessly – are made!

I'm Nobody! Who are you?
Are you – Nobody – too?
Then there's a pair of us!
Don't tell! they'd banish us – you know!

How dreary – to be – Somebody!
How public – like a Frog –
To tell your name – the livelong June –
To an admiring Bog!

Ein kühler Freund – in schwüler Zeit –
Ist eher bei der Hand –
Als der mit höh'rem Wärmegrad
Bei eisigem Geistesstand.

Nach Osten zeigt der Wetterhahn –
Und Sommerseelen fliehn –
Wenn Wolltuchherzen fester sind –
Als die aus Musselin –

Wen trifft die Schuld? Den Weber?
Ach, der verstrickte Zwirn!
Die Wirkerein im Paradies
Verwirren unser Hirn!

Ich bin Niemand! Wer bist du?
Noch ein Niemand mehr dazu?
Schon sind wir ein Paar im Land!
Still, sonst werden wir verbannt!

Wie öde – Irgendwer – zu sein!
Gemein – dem Frosch gleich – stumpf
Den eignen Namen auszuschrein –
Für den Applaus im Sumpf!

I felt a Funeral, in my Brain,
And Mourners to and fro
Kept treading – treading – till it seemed
That Sense was breaking through –

And when they all were seated,
A Service, like a Drum –
Kept beating – beating – till I thought
My Mind was going numb –

And then I heard them lift a Box
And creak across my Soul
With those same Boots of Lead, again,
Then Space – began to toll,

As all the Heavens were a Bell,
And Being, but an Ear,
And I, and Silence, some strange Race
Wrecked, solitary, here –

And then a Plank in Reason, broke,
And I dropped down, and down –
And hit a World, at every plunge,
And Finished knowing – then –

Begräbnis fühlt' ich im Gehirn,
Und eine Trauerschar,
Die stapfte – stapfte – bis der Sinn
Aus seinen Fugen brach –

Und als sie alle sich gesetzt,
Dröhnte die Andacht fort
Wie eine Trommel – Schlag auf Schlag –
Bis mein Gemüt erstarrt' –

Sie hoben eine Kiste dann
Und bleigestiefelt drang
Ihr Knirschen durch die Seele mir,
Dann ward der Raum zu Klang,

Ein Glockenrund das Firmament
Und nur ein Ohr das Sein,
Gestrandet ich und Schweigen hier,
Ein fremder Stamm, allein –

Dann brach ein Balken im Verstand,
Und ich fiel tief und schwer –
Stieß Welten an bei jedem Sturz,
Und wußte nichts mehr – dann –

I reason, Earth is short –
And Anguish – absolute –
And many hurt,
But, what of that?

I reason, we could die –
The best Vitality
Cannot excel Decay,
But, what of that?

I reason, that in Heaven –
Somehow, it will be even –
Some new Equation, given –
But, what of that?

The Soul selects her own Society –
Then – shuts the Door –
To her divine Majority –
Present no more –

Unmoved – she notes the Chariots – pausing –
At her low Gate –
Unmoved – an Emperor be kneeling
Upon her Mat –

I've known her – from an ample nation –
Choose One –
Then – close the Valves of her attention –
Like Stone –

Mich dünkt die Erde kurz –
Und unbegrenzt die Qual –
Verwundet viele –
Doch wozu das?

Mich dünkt der Tod gewiß –
Das stärkste Lebensband
Hält dem Verfall nicht stand –
Doch wozu das?

Mich dünkt, im Himmel oben –
Wird alles aufgewogen –
Die Gleichung neu gezogen –
Doch wozu das?

Die Seele sucht den eigenen Verkehr –
Schließt dann die Tür –
Zu ihrer göttlichen Majorität –
Fehlt keiner mehr –

Gelassen – sieht sie Equipagen
Vorm Gitter stehn –
Gelassen – einen Herrscher kniend
Um Einlaß flehn –

Zuweilen wählt sie – aus des Volkes Fülle –
Ein Sein –
Dann schließt sie die Ventile ihrer Sinne
Wie Stein –

The nearest Dream recedes – unrealized –
The Heaven we chase,
Like the June Bee – before the School Boy,
Invites the Race –
Stoops – to an easy Clover –
Dips – evades – teases – deploys –
Then – to the Royal Clouds
Lifts his light Pinnace –
Heedless of the Boy –
Staring – bewildered – at the mocking sky –

Homesick for steadfast Honey –
Ah, the Bee flies not
That brews that rare variety!

We play at Paste –
Till qualified, for Pearl –
Then, drop the Paste –
And deem ourself a fool –

The Shapes – though – were similar –
And our new Hands
Learned *Gem*-Tactics –
Practicing *Sands* –

As if I asked a common Alms,
And in my wondering hand
A Stranger pressed a Kingdom,
And I, bewildered, stand –
As if I asked the Orient
Had it for me a Morn –
And it should lift it's purple Dikes,
And shatter me with Dawn!

Der allernächste Traum entflieht – ungreifbar –
Der Himmel, nach dem wir jagen,
Lädt, wie die Biene vor dem Knaben,
Zum Wettlauf ein –
Läßt sich herab zu einem leichten Klee –
Nippt – entschlüpft – neckt – manövriert –
Schwingt dann zu Wolken – königlich –
Das luftige Gefährt –
Unbekümmert um den Knaben,
Der sprachlos auf den Spötterhimmel starrt –

Nach dauerhaftem Honig schmachtend –
Ach, die Biene gibt es nicht,
Die derart seltene Sorte destilliert!

Man gibt sich ab mit Straß –
Bis man – an Perlen bewährt –
Den Straß dann fallen läßt
Und sich zum Narren erklärt –

Doch die Formen glichen einander –
Und unsere neue Hand
Lernte *Juwelen*-Taktik –
Geschult am *Sand* –

Als bät' ich um Almosen nur,
Und die erstaunte Hand
Bekommt ein Königreich geschenkt,
Und ich steh wie gebannt –
Als bäte ich den Orient,
Gib mir ein Morgenlicht –
Und er die Purpurdämme hebt,
Und Licht zerschmettert mich!

All the letters I can write
Are not fair as this –
Syllables of Velvet –
Sentences of Plush,
Depths of Ruby, undrained,
Hid, Lip, for Thee –
Play it were a Humming Bird –
And just sipped – me –

A Visitor in Marl –
Who influences Flowers –
Till they are orderly as Busts –
And Elegant – as Glass –

Who visits in the Night –
And just before the Sun –
Concludes his glistening interview –
Caresses – and is gone –

But whom his fingers touched –
And where his feet have run –
And whatsoever Mouth he kissed –
Is as it had not been –

Alle Briefe, die ich schriebe,
Wären nicht so schön wie dies –
Silben aus Samt –
Sätze aus Plüsch,
Rubinentiefen, unberührt,
Verborgen, Mund, für dich –
Spiel, es wär ein Kolibri –
Und er nippte – mich –

Ins Erdreich kommt ein Gast,
der auf die Blumen wirkt,
Bis sie formell wie Büsten sind –
Und elegant wie Glas.

Er ist ein Nachtbesuch,
Der kurz vor Sonnenlicht
Sein glitzernd Zwiegespräch beschließt
Mit Streicheln – und entweicht.

Doch wen er angerührt –
Und was sein Fuß gestreift –
Und jeder Mund, den er geküßt –
Ist nicht mehr wie zuvor.

The first Day's Night had come –
And grateful that a thing
So terrible – had been endured –
I told my Soul to sing –

She said her Strings were snapt –
Her Bow – to Atoms blown –
And so to mend her – gave me work
Until another Morn –

And then – a Day as huge
As Yesterdays in pairs,
Unrolled it's horror in my face –
Until it blocked my eyes –

My Brain – begun to laugh –
I mumbled – like a fool –
And tho' 'tis Years ago – that Day –
My Brain keeps giggling – still.

And Something's odd – within –
That person that I was –
And this One – do not feel the same –
Could it be Madness – this?

Es kam die Nacht des ersten Tags –
Und dankbar, daß ein Ding
So schreckvoll überstanden war –
Sprach ich zur Seele: Sing!

Ihr Saitenspiel zerbrach –
Der Bogen barst entzwei –
So ließ sie mich ihr Flickwerk tun –
Bis wieder Morgen sei –

Dann kam ein Tag, so groß
Wie eine Gesternschar –
Und warf sein Graun mir ins Gesicht –
Bis nichts mehr sichtbar war –

Da lachte mein Gehirn –
Ich lallte wie ein Narr –
Das war vor Jahren – doch mein Hirn
Hört nicht zu kichern auf.

Und eins ist wunderlich:
Das Wesen, das ich war –
Gleicht nicht dem Wesen, das ich bin –
Ob das – der Wahnsinn ist?

Good Morning – Midnight –
I'm coming Home –
Day – got tired of Me –
How could I – of Him?

Sunshine was a sweet place –
I liked to stay –
But Morn – did'nt want me – now –
So – Goodnight – Day!

I can look – cant I –
When the East is Red?
The Hills – have a way – then –
That puts the Heart – abroad –

You – are not so fair – Midnight –
I chose – Day –
But – please take a little Girl –
He turned away!

Much Madness is divinest Sense –
To a discerning Eye –
Much Sense – the starkest Madness –
'Tis the Majority
In this, as All, prevail –
Assent – and you are sane –
Demur – you're straightway dangerous –
And handled with a Chain –

Guten Morgen – Mitternacht!
Ich komme heim –
Müde ward der Tag von mir –
Nicht ich von ihm.

Sonnenschein war sel'ger Ort –
Ich hätt' gern gewacht –
Doch der Morgen wollt' mich nicht –
Nun denn – Tag – gut' Nacht!

Zuschaun darf ich doch – nicht wahr –
Wenn der Osten glüht?
Die Hügel haben dann den Zug –
Der das Herz entführt –

Du bist nicht so schön – Mitternacht –
Ich lieb' den Tag –
Doch – nimm du das Mädchen nun –
Das er nicht mag!

Wahnsinn ist oft der höchste Sinn –
Für den, der ihn versteht –
Und Sinn – der tollste Wahnsinn oft –
Nur die Majorität
Entscheidet hier wie überall –
Wer zustimmt – ist gesund –
Wer abweicht – ist gefährlich – und
Braucht Ketten wie ein Hund –

This is my letter to the World
That never wrote to Me –
The simple News that Nature told –
With tender Majesty

Her Message is committed
To Hands I cannot see –
For love of Her – Sweet – countrymen –
Judge tenderly – of Me

I died for Beauty – but was scarce
Adjusted in the Tomb
When One who died for Truth, was lain
In an adjoining Room –

He questioned softly "Why I failed"?
"For Beauty", I replied –
"And I – for Truth – Themself are One –
We Brethren, are", He said –

And so, as Kinsmen, met a Night –
We talked between the Rooms –
Until the Moss had reached our lips –
And covered up – our names –

Ich schreibe diesen Brief der Welt,
Die nie an mich gedacht –
Was schlicht mir die Natur erzählt –
Mit milder Herrschermacht.

Die Botschaft wird an Hände,
Die ich nie sah, gesandt –
Seid ihr zuliebe – mild mit mir –
Ihr guten Herrn im Land!

Ich starb für Schönheit – und war kaum
Zurechtgelegt im Grab,
Als Einen, der für Wahrheit starb,
Man mir zum Nachbarn gab –

Er fragte sanft, was mir gefehlt.
„Die Schönheit", sagte ich –
„Und mir – die Wahrheit – sie sind eins –
Das macht uns brüderlich."

Und so, verschwistert in der Nacht –
Sprachen wir durchs Gelaß –
Bis Moos auf unsern Namen wuchs –
Und uns die Lippen schloß –

I'm ceded – I've stopped being Theirs –
The name They dropped upon my face
With water, in the country church
Is finished using, now,
And They can put it with my Dolls,
My childhood, and the string of spools,
I've finished threading – too –

Baptized, before, without the choice,
But this time, consciously, of Grace –
Unto supremest name –
Called to my Full – The Crescent dropped –
Existence's whole Arc, filled up,
With one small Diadem.

My second Rank – too small the first –
Crowned – Crowing – on my Father's breast –
A half unconscious Queen –
But this time – Adequate – Erect,
With Will to choose, or to reject,
And I choose, just a Crown –

Beauty – be not caused – It Is –
Chase it, and it ceases –
Chase it not, and it abides –
Overtake the Creases

In the Meadow – when the Wind
Runs his fingers thro' it –
Deity will see to it
That You never do it –

Ich bin nicht mehr ihr Eigentum:
Der Name, den der Pfarrer mir
Mit Wasser ins Gesicht gesprengt,
Der ist jetzt abgebraucht.
Legt ihn zu meiner Kinderzeit,
Den Puppen und der Spulenschnur,
Die zieh ich nicht mehr auf.

Zuvor die Taufe ohne Wahl,
Doch bei Bewußtsein dieses Mal –
Zu höchstem ausersehn –
Zu vollem Sein – der Halbmond fiel –
Des Daseins ganzen Bogen füllt
Ein kleines Diadem.

Mein zweiter Rang – zuerst zu klein –
Krähend – an Vaters Brust – gekrönt –
Halb unbewußte Königin –
Doch diesmal – aufrecht – unverzagt,
Nach meiner freien Wahl befragt,
Wähl ich die Krone nur –

Schönheit ist nicht „weil" – sie ist –
Such sie nicht zu halten –
Such sie nicht – und sie verweilt –
Überhol die Falten

In den Wiesen – wenn der Wind
Seine Finger durchführt –
Gottes Allmacht sorgt dafür,
Daß kein Mensch sie anrührt –

We dream – it is good we are dreaming –
It would hurt us – were we awake –
But since it is playing – kill us,
And we are playing – shriek –

What harm? Men die – externally –
It is a truth – of Blood –
But we – are dying in Drama –
And Drama – is never dead –

Cautious – We jar each other –
And either – open the eyes –
Lest the Phantasm – prove the Mistake –
And the livid Surprise

Cool us to Shafts of Granite –
With just an Age – and Name –
And perhaps a phrase in Egyptian –
It's prudenter – to dream –

The Heart asks Pleasure – first –
And then – Excuse from Pain –
And then – those little Anodynes
That deaden suffering –

And then – to go to sleep –
And then – if it should be
The will of it's Inquisitor
The privilege to die –

Wir träumen – wie gut, daß wir träumen –
Wenn wir wach wären – tät es uns weh!
Doch es spielt ja nur mit uns – Töten,
Und wir, wir spielen – Schrein –

Was tut's? Im äußeren Sterben
Ist Wahrheit blutig-rot –
Wir aber sterben im Drama –
Und das Drama ist niemals tot –

Gib acht – Wir stoßen einander –
Und öffnen die Augen zugleich –
Daß nicht das Wahnbild wirklich wird –
Und der bleifahle Streich

Uns zu Granit erstarren läßt –
Darauf nur ein Name – ein Jahr –
Und vielleicht ein ägyptisches Zeichen –
Im Traum ist keine Gefahr –

Das Herz sucht Lust – zuerst –
Und dann – Erlaß vom Leid –
Und dann – ein Stillungsmittel,
Das jeden Schmerz betäubt –

Und dann – zur Ruh zu gehn –
Und dann – in letzter Not –
So es sein Inquisitor will,
Das Anrecht auf den Tod –

I took my Power in my Hand –
And went against the World –
'Twas not so much as David – had –
But I – was twice as bold –

I aimed my Pebble – but Myself
Was all the one that fell –
Was it Goliah – was too large –
Or was myself – too small?

I reckon – when I count at all –
First – Poets – Then the Sun –
Then Summer – Then the Heaven of God –
And then – the List is done –

But, looking back – the First so seems
To Comprehend the Whole –
The Others look a needless Show –
So I write – Poets – All –

Their Summer – lasts a Solid Year –
They can afford a Sun
The East – would deem extravagant –
And if the Further Heaven –

Be Beautiful as they prepare
For Those who worship Them –
It is too difficult a Grace –
To justify the Dream –

In meiner Hand fühlt' ich die Kraft,
Gegen die Welt zu ziehn –
War nicht so stark wie David einst –
Doch war ich doppelt kühn –

Ich zielte meinen Kiesel – doch
Es fiel nur ich allein –
War Goliath – zu riesengroß –
Oder war ich zu klein?

Erst zähl ich Dichter – Sonne dann –
Wenn ich schon zählen soll –
Dann Sommer – dann das Himmelreich –
Dann – ist die Liste voll –

Im Rückblick scheint's – das Erste schließt
Das Ganze ein in sich –
Und überflüssig wird der Rest –
Nur Dichter – schreibe ich –

Ihr Sommer währt ein volles Jahr –
Bei ihrer Sonnenpracht
Ergreift den Orient Bettlerneid –
Wär' selbst der fernere Himmel

So schön wie der, den sie für uns
Zur Andacht hier erbaun –
So schwer verdiente Gnade lohnt
Am Ende nicht den Traum –

I cannot live with You –
It would be Life –
And Life is over there –
Behind the Shelf

The Sexton keeps the Key to –
Putting up
Our Life – His Porcelain –
Like a Cup –

Discarded of the Housewife –
Quaint – or Broke –
A newer Sevres pleases –
Old Ones crack –

I could not die – with You –
For One must wait
To shut the Other's Gaze down –
You – could not –

And I – Could I stand by
And see You – freeze –
Without my Right of Frost –
Death's privilege?

Nor could I rise – with You –
Because Your Face
Would put out Jesus' –
That New Grace

Glow plain – and foreign
On my homesick Eye –
Except that You than He
Shone closer by –

Ich kann nicht leben mit dir –
Es wäre das Leben –
Und das Leben steht drüben
Hinter dem Brett –

Aufgestellt vom Sakristan –
Verwahrt mit dem Schlüssel –
Unser Leben – sein Porzellan –
Wie eine Schüssel –

Fortgetan von der Hausfrau –
Unmodern – oder zerschlagen –
Ein neueres Sèvres macht Freude –
Altes wird sprüngig –

Ich könnt' nicht sterben – mit dir –
Denn einer muß warten,
Des Andern Blick zu schließen –
Du – könnt'st es nicht –

Und ich – Könnt' ich dabeistehn
Und dich erstarren sehn –
Ohne mein Recht auf Frost –
Des Todes Privileg?

Noch könnt' ich auferstehn – mit dir –
Denn dein Gesicht
Verdeckte Jesus' –
Das neue Gnadenlicht

Bestrahlte fremd und fahl
Mein Aug', das dich vermißt –
Wenn näher nicht als seins
Dein Leuchten ist –

They'd judge Us – How –
For You – served Heaven – You know,
Or sought to –
I could not –

Because You saturated Sight –
And I had no more Eyes
For sordid excellence
As Paradise

And were You lost, I would be –
Though My Name
Rang loudest
On the Heavenly fame –

And were You – saved –
And I – condemned to be
Where You were not –
That self – were Hell to Me –

So We must meet apart –
You there – I – here –
With just the Door ajar
That Oceans are – and Prayer –
And that White Sustenance –
Despair –

Pain – has an Element of Blank –
It cannot recollect
When it begun – or if there were
A time when it was not –

It has no Future – but itself –
Its Infinite contain
Its Past – enlightened to perceive
New Periods – of Pain.

Man wird uns richten – Wie –
Du dientest Gott – vielmehr,
Versuchtest du's –
Ich konnt' es nicht –

Denn du durchtränktest die Sicht
Und hast mich blind gemacht
Für den schäbigen Glanz
Paradiesischer Pracht.

Und wärst du verloren, wär' ich es –
Auf himmlischen Wiesen –
So laut sie dort
Meinen Namen priesen.

Und wärest du – erlöst –
Und man verdammte mich
Zu sein, wo du nicht bist –
Die Hölle wär' mein Ich –

So sehn wir uns getrennt –
Du dort – ich – hier –
Dem Türspalt zugekehrt
Der Meer ist – und Gebet –
Und der Verzweiflung Speise –
Die uns nährt –

Der Schmerz hat einen blinden Fleck –
Es bleibt ihm unbekannt,
Wann er begann – noch ob die Zeit
Vor seiner Zeit bestand –

Er hat als Zukunft nur sich selbst –
Sein Endlossein verleiht
Vergangenem ein Vorgefühl
Von neuer Schmerzenszeit.

I dwell in Possibility –
A fairer House than Prose –
More numerous of Windows –
Superior – for Doors –

Of Chambers as the Cedars –
Impregnable of Eye –
And for an Everlasting Roof
The Gables of the Sky –

Of Visitors – the fairest –
For Occupation – This –
The spreading wide my narrow Hands
To gather Paradise –

Ich wohne in der Möglichkeit –
Ihr Haus ist im Vergleich
Viel schöner – tür- und fensterreich –
Als die Alltäglichkeit –

Mit Zimmern wie die Zedern –
Geschützt vor jeder Schau –
Und als ein dauerhaftes Dach
Des Himmels Giebelbau –

Mit dem erlesensten Besuch –
Mein einziges Tagwerk dies –
Die schmalen Hände weit gespreizt,
Greif ich das Paradies –

Could I but ride indefinite
As doth the Meadow Bee
And visit only where I liked
And No one visit me

And flirt all Day with Buttercups
And marry whom I may
And dwell a little everywhere
Or better, run away

With no Police to follow
Or chase Him if He do
Till He schould jump Peninsulas
To get away from me –

I said "But just to be a Bee"
Upon a Raft of Air
And row in Nowhere all Day long
And anchor "off the Bar"

What Liberty! So Captives deem
Who tight in Dungeons are.

Könnt' ich doch schweben unbegrenzt
Wie es der Biene paßt
Und nur besuchen wen ich mag
Und hätte keinen Gast

Und Butterblumen-Liebelein
Und überall ein Haus
Und einen eignen Mann dazu –
Noch lieber rückt' ich aus

Von keiner Polizei verfolgt,
Wagt's einer, jag ich ihn,
Bis er das Festland meiden muß,
um sich mir zu entziehn –

Ich sagte, „Biene nur zu sein"
Auf einem Floß aus Luft,
Im Nirgends rudern tagelang
Und ankern „uferlos" –

Welch höchste Freiheit! So erscheint's
Gefangenen in der Gruft.

One need not be a Chamber – to be Haunted –
One need not be a House –
The Brain – has Corridors surpassing
Material Place –

Far safer of a Midnight meeting
External Ghost –
Than an Interior – Confronting –
That cooler – Host.

Far safer, through an Abbey – gallop –
The Stones a'chase –
Than Moonless – One's A'self encounter –
In lonesome place –

Ourself – behind Ourself – Concealed –
Should startle – most –
Assassin – hid in our Apartment –
Be Horror's least –

The Prudent – carries a Revolver –
He bolts the Door –
O'erlooking a Superior Spectre –
More near –

The Soul unto itself
Is an imperial friend –
Or the most agonizing Spy –
An Enemy – could send –

Secure against it's own –
No treason it can fear –
Itself – it's Sovreign – of itself
The Soul should stand in Awe –

Man muß kein Haus sein – heimgesucht zu werden –
Man muß kein Zimmer sein –
Im Hirn – die Korridore übertreffen
Den festen Bau –

Weit sicherer ein Verkehr mit Geistern
Um Mitternacht –
Als jenem kühleren Hausherrn zu begegnen –
Der in uns wacht.

Weit sicherer, durch ein Kloster jagen –
Gehetzt vom Stein –
Als unser eigenes Ich vor uns zu sehen –
Mondlos, allein –

Wir selbst – von unserm Selbst verdeckt –
Welch letzter Graus –
Der Mörder wär geringster Schreck –
In unserem Haus –

Wer Vorsicht übt – die Tür verschließt –
Revolver trägt –
Sieht nicht, wie nah ein mächt'geres Gespenst
Sich regt –

Die Seele ist sich selbst
Ein königlicher Freund –
Doch auch der grausamste Spion –
Entsandt von einem Feind –

Gesichert gegen sich –
Erschreckt sie kein Verrat –
Vor sich in Ehrfurcht sollte sie –
Ihr eigener Herrscher – stehn –

They say that "Time assuages" –
Time never did assuage –
An actual suffering strengthens
As Sinews do, with age –

Time is a Test of Trouble –
But not a Remedy –
If such it prove, it prove too
There was no Malady –

Victory comes late –
And is held low to freezing lips –
Too rapt with frost
To take it –
How sweet it would have tasted –
Just a Drop –
Was God so economical?
His Table's spread too high for Us –
Unless We dine on tiptoe –
Crumbs – fit such little mouths –
Cherries – suit Robins –
The Eagle's Golden Breakfast strangles – Them –
God keeps His Oath to Sparrows –
Who of little Love – know how to starve –

Man sagt, „die Zeit bringt Linderung“ –
Die Zeit hat nie gelindert –
Den Sehnen gleich wächst wahres Leid
Im Alter unvermindert –

Die Zeit ist Prüfstein unserer Not –
Jedoch kein Heilungstrank –
Beweist sie das, beweist sie auch,
Der Kranke war nie krank –

Der Sieg kommt spät –
Und wird erstarrten Lippen vorgehalten –
Die zu vereist sind,
Ihn zu kosten –
Wie süß hätt’ er geschmeckt –
Ein Tropfen nur!
War Gott so sparsam?
Sein Tisch ist viel zu hoch für uns gedeckt –
Wir müßten auf den Zehenspitzen speisen!
Krumen – passen in den kleinsten Mund –
Kirschen – in Drosselkehlen –
Des Adlers goldnes Frühstück würgte sie!
Gottes Eid gilt für die Spatzen –
Die an wenig Liebe zu darben wissen –

As if the Sea should part
And show a further Sea –
And that – a further – and the Three
But a presumption be –

Of Periods of Seas –
Unvisited of Shores –
Themselves the Verge of Seas to be –
Eternity – is Those –

Drama's Vitallest Expression is the Common Day
That arise and set about Us –
Other Tragedy

Perish in the Recitation –
This – the best enact
When the Audience is scattered
And the Boxes shut –

"Hamlet" to Himself were Hamlet –
Had not Shakespeare wrote –
Though the "Romeo" left no Record
Of his Juliet,

It were infinite enacted
In the Human Heart –
Only Theatre recorded
Owner cannot shut –

Als teilte sich das Meer
Und zeigt ein weiteres Meer –
Und das ein weiteres – und die drei
Nur Vorbereitung wär'n

Für Meere Zeit um Zeit –
Von keinem Strand erreicht –
Ein jedes Rand von neuem Meer –
Das wäre Ewigkeit –

Nirgends ist des Dramas Wesen so lebendig wie im Alltag,
Der sich um uns auf und ab bewegt –
Andere Tragödien

Sterben bei der Inszenierung –
Diese hat die besten Spieler,
Wenn das Publikum verstreut ist
Und die Logen leer –

„Hamlet" wär' sich selber Hamlet,
Hätte Shakespeare nicht geschrieben –
Hätte „Romeo" den Namen
Seiner Julia verschwiegen,

Endlos geht die Handlung weiter
In des Menschen Herz –
Einziges Theater, das kein
Eigentümer schließen kann –

Because I could not stop for Death –
He kindly stopped for me –
The Carriage held but just Ourselves –
And Immortality.

We slowly drove – He knew no haste
And I had put away
My labor and my leisure too,
For His Civility –

We passed the School, where Children strove
At Recess – in the Ring –
We passed the Fields of Gazing Grain –
We passed the Setting Sun –

Or rather – He passed Us –
The Dews drew quivering and chill –
For only Gossamer, my Gown –
My Tippet – only Tulle –

We paused before a House that seemed
A Swelling of the Ground –
The Roof was scarcely visible –
The Cornice – in the Ground –

Since then – 'tis Centuries – and yet
Feels shorter than the Day
I first surmised the Horses' Heads
Were toward Eternity –

Weil ich nicht anhielt vor dem Tod –
Hielt freundlich er vor mir –
Uns beide nur trug sein Gefährt –
Und die Unsterblichkeit.

Wir fuhren langsam – ohne Hast –
Ich hatte all mein Tun
Und auch mein Nichtstun abgelegt,
Zum Dank für sein Bemühn –

Vorbei am Schulhof, wo im Kreis
Die Schar der Kinder rang –
Am Blick des Weizenfelds vorbei –
Am Sonnenuntergang –

Vielmehr – er ging vorbei –
Im Tau trat Frost und Zittern ein –
Ein dünn Gespinst nur mein Gewand –
Mein Umhang nur aus Tüll –

Wir machten Halt vor einem Haus,
Das lag gewölbt im Grund –
Sein Dach war kaum zu sehn – sein Sims
Verborgen unterm Grund –

Jahrhunderte ist's her und doch
Scheint's eine kurze Zeit
Seit ich geahnt – die Pferde gehn
In Richtung Ewigkeit –

Four Trees – upon a solitary Acre –
Without Design
Or Order, or Apparent Action –
Maintain –

The Sun – upon a Morning meets them –
The Wind –
No nearer Neighbor – have they –
But God –

The Acre gives them – Place –
They – Him – Attention of Passer by –
Of Shadow, or of Squirrel, haply –
Or Boy –

What Deed is Their's unto the General Nature –
What Plan
They severally – retard – or further –
Unknown –

Autumn – overlooked my Knitting –
Dyes – said He – have I –
Could disparage a Flamingo –
Show Me them – said I –

Conchineal – I chose – for deeming
It resemble Thee –
And the little Border – Dusker –
For resembling Me –

Vier Bäume – auf abgelegenem Feld –
Ohne Bestimmung –
Stellung oder ersichtliche Funktion –
Stehn da –

Die Sonne trifft sie in der Früh –
Der Wind –
Zum nächsten Nachbarn haben sie
Nur Gott –

Das Feld gibt ihnen – Bleibe –
Sie – ihm – Beachtung von Passanten:
Ein Schatten oder Eichhörnchen, vielleicht –
Ein Kind –

Was ihr Beitrag ist zum allgemeinen Wesen –
Welchen Plan
Sie jeweils – hindern – oder fördern –
Unbekannt –

Herbst – sah prüfend auf mein Strickzeug –
Farben habe ich –
Sagt' er – die hat kein Flamingo –
Zeig sie mir – sagt' ich –

Scharlach wählt' ich – weil ich meinte,
Darin säh' ich dich –
Und die kleine Borte – dunkler –
Weil sie wirkt wie ich –

Presentiment – is that long Shadow – on the Lawn
Indicative that Suns go down –

The Notice to the startled Grass
That Darkness – is about to pass –

One and One – are One –
Two – be finished using –
Well enough for Schools –
But for Minor Choosing –

Life – just – Or Death –
Or the Everlasting –
More – would be too vast
For the Soul's Comprising –

None can experience stint
Who Bounty – have not known –
The fact of Famine – could not be
Except for Fact of Corn –

Want – is a meagre Art
Acquired by Reverse –
The Poverty that was not Wealth –
Cannot be Indigence.

Vorahnung – ist der lange Schatten – auf dem Grün –
Der anzeigt, daß die Sonnen untergehn –

Bekanntmachung an den bestürzten Garten –
Einbruch der Dunkelheit ist zu erwarten –

Eins und eins – sind eins –
Zwei – zuviel der Zahlen –
Gut genug für Schulgebrauch –
Doch für Einzelwahlen

Leben – oder Tod –
Oder Ewigbleiben –
Keine Seele kann
Größeres einverleiben –

Wer Fülle nicht gekannt,
Weiß nicht, was Mangel ist –
Der Hunger wird erst wirklich durch
Des Weizens Wirklichkeit –

Not ist die karge Kunst,
Durch Rückwärtsgang erlernt –
Die Armut, die nicht Reichtum war –
Heißt nicht Bedürftigkeit.

Bereaved of all, I went abroad –
No less bereaved was I
Upon a New Peninsula –
The Grave preceded me –

Obtained my Lodgings, ere myself –
And when I sought my Bed –
The Grave it was reposed upon
The Pillow for my Head –

I waked, to find it first awake –
I rose – It followed me –
I tried to drop it in the Crowd –
To lose it in the Sea –

In Cups of artificial Drowse
To steep it's shape away –
The Grave – was finished – but the Spade
Remained in Memory –

The Only News I know
Is Bulletins all Day
From Immortality.

The Only Shows I see –
Tomorrow and Today –
Perchance Eternity –

The Only One I meet
Is God – The Only Street –
Existence – This traversed

If Other News there be –
Or Admirabler Show –
I'll tell it You –

Um alles trauernd zog ich fort –
Allein die Trauer blieb
Mir treu auf neuem Inselland –
Das Grab kam mir zuvor –

Bezog mein Obdach schon vor mir –
Und als ich müd vom Tag
Zu Bette ging, war es das Grab,
Das auf dem Kissen lag –

Erwachend fand ich es schon wach –
Beim Aufstehn folgt' es mir –
Verließ mich in der Menge nicht –
Verlor sich nicht im Meer –

In Bechern voll von trunknem Schlaf
Blieb seine Form bestehn –
Das Grab – war fertig – doch im Hirn
Hört' ich den Spaten gehn –

Die einz'ge Neuigkeit für mich
Ist der alltägliche Bericht
Von der Unsterblichkeit.

Das einz'ge Schauspiel, das ich seh –
Heißt manchmal Morgen, manchmal Heut –
Vielleicht auch Ewigkeit.

Und einzig Gott begegnet mir –
Die einz'ge Straße – Dasein Hier –
Hab ich die überquert

Und andere Neuigkeit gehört –
Ein Spiel gesehn von größerem Wert –
Sag ich Bescheid –

Ample make this Bed –
Make this Bed with Awe –
In it wait till Judgement break
Excellent and Fair.

Be it's Mattress straight –
Be it's Pillow round –
Let no Sunrise' yellow noise
Interrupt this Ground –

Split the Lark – and you'll find the Music –
Bulb after Bulb, in Silver rolled –
Scantily dealt to the Summer Morning
Saved for your Ear when Lutes be old.

Loose the Flood – you shall find it patent –
Gush after Gush, reserved for you –
Scarlet Experiment! Sceptic Thomas!
Now, do you doubt that your Bird was true?

Finding is the first Act
The second, loss,
Third, Expedition for
the "Golden Fleece"

Fourth, no Discovery –
Fifth, no Crew –
Finally, no Golden Fleece –
Jason – sham – too.

Breit macht dieses Bett –
Macht es ehrfurchtsvoll –
Harrt darin des Richterspruchs –
Herrlich und gerecht.

Die Matratze flach –
Und das Kissen rund –
Laßt nie gelben Sonnenlärm
Stören diesen Grund –

Spalte die Lerche – du findest die Töne –
Knolle für Knolle – in Silber geballt –
Spärlich verteilt an den Sommermorgen,
Bewahrt für dein Ohr, wenn die Laute verschallt.

Löse die Flut – im Nu – sie ergießt sich –
Sturz über Sturz, dir allein offenbar –
Blutrote Probe! Zweifelnder Thomas!
Siehst du, wie wirklich dein Vogel war?

Der erste Akt heißt: Finden,
Der zweite: Verlust,
Der dritte: Ausfahrt und Suche
Nach dem „Goldenen Fließ“ –

Der vierte: Keine Entdeckung,
Der fünfte: Kein Mann am Bug –
Das Ende: Kein Goldenes Fließ –
Jason selbst – Betrug.

I stepped from Plank to Plank
A slow and cautious way
The Stars about my Head I felt
About my Feet the Sea.

I knew not but the next
Would be my final inch –
This gave me that precarious Gait
Some call Experience.

An Everywhere of Silver
With Ropes of Sand
To keep it from effacing
The Track called Land.

We outgrow love, like other things
And put it in the Drawer –
Till it an Antique fashion shows –
Like Costumes Grandsires wore.

To my quick ear the Leaves – conferred –
The Bushes – they were Bells –
I could not find a Privacy
From Nature's sentinels –

In cave if I presumed to hide
The Walls – begun to tell –
Creation seemed a mighty Crack –
To make me visible –

Ich trat von Steg zu Steg,
Bedacht auf die Gefahr –
Die Sterne fühlt' ich um mein Haupt,
Um meinen Fuß das Meer.

Nicht wissend, ob der nächste Schritt
Für mich der letzte sei –
Das gab mir jenen schwanken Gang,
Den man Erfahrung nennt.

Ein Überall aus Silber
Mit Seilen aus Sand –
Damit es nicht verwische
Die Spur namens Land.

Wir entwachsen der Liebe wie jedem Ding
Und legen sie in die Kommode –
Bis sie uns so antik erscheint
Wie Kostüme der Großvätermode.

Der Blätter Tuschelwort im Ohr –
Der Büsche Klingelschall –
Ließen mich nirgends ruhn – Natur
Hat Wachen überall –

Im unterirdischen Versteck
Verriet mich gleich der Stein –
Die Schöpfung klafft – ein Riesenspalt –
In dem ich sichtbar bin –

How happy I was if I could forget
To remember how sad I am
Would be an easy adversitiy
But the recollecting of Bloom

Keeps making November difficult
Till I who was almost bold
Lose my way like a little Child
And perish of the cold.

Experience is the Angled Road
Preferred against the Mind
By – Paradox – the Mind itself –
Presuming it to lead

Quite Opposite – How Complicate
The Discipline of Man –
Compelling Him to Choose Himself
His Preappointed Pain –

The Missing All, prevented Me
From missing minor Things.
If nothing larger then a World's
Departure from a Hinge
Or Sun's extinction, be observed
'Twas not so large that I
Could lift my Forehead from my work
For Curiosity.

Könnt' ich vergessen, wie glücklich ich war
Zu bedenken wie traurig ich bin
Wäre ein leichtes Mißgeschick
Doch das erinnerte Blühn

Macht den November doppelt schwer
Bis ich die fast kühn war zuvor
Verloren geh wie ein kleines Kind
Das in der Kälte erfror.

Erfahrung ist der Winkelweg,
Dem – Paradox – Verstand
Gegen sich selbst den Vorzug gibt –
Im Glauben, er führt ganz

Woanders hin – Wie kompliziert
Des Menschen Disziplin –
Sein vorbestimmtes Leid sich selbst
Zu wählen zwingt sie ihn –

Verlust von allem schützte mich
Vor minderem Verlust.
Wenn weiter nichts als eine Welt
Aus ihren Angeln fährt
Oder das Sonnenlicht erlischt,
Wär das kein Anlaß mir,
Von meiner Arbeit aufzuschaun
Aus reiner Wißbegier.

To die – without the Dying
And live – without the Life
This is the hardest Miracle
Propounded to Belief.

Nature rarer uses Yellow
Than another Hue.
Saves she all of that for Sunsets
Prodigal of Blue

Spending Scarlet like a Woman
Yellow she affords
Only scantly and selectly
Like a Lover's Words.

I never saw a Moor –
I never saw the Sea –
Yet know I how the Heather looks
And what a Billow be.

I never spoke with God
Nor visited in Heaven –
Yet certain am I of the spot
As if the Checks were given –

Zu sterben – ohne daß man stirbt
Und leben – ohne Leben,
Dies wird als schwerstes Wunderwerk
Dem Glauben aufgegeben.

Die Natur trägt jede Farbe
Mehr als Gelb zur Schau.
Hebt es auf für Abendsonnen
Und verschwendet Blau

Schwelgt wie eine Frau in Scharlach
Doch nur hier und dort
Wählt sie Gelb, bedachtsam, spärlich
Wie ein Liebeswort.

Ich hab noch nie ein Moor gesehn –
Ich sah noch nie das Meer –
Und weiß doch, was ein Heidekraut,
Was eine Welle wär.

Ich sprach noch nie mit Gott,
Hab nie sein Reich besucht –
Und bin des Orts doch so gewiß,
Als wär die Fahrt gebucht.

Sang from the Heart, Sire,
Dipped my Beak in it,
If the Tune drip too much
Have a tint too Red

Pardon the Cochineal –
Suffer the Vermillion –
Death is the Wealth
Of the Poorest Bird.

Bear with the Ballad –
Awkward – faltering –
Death twists the strings –
'Twas'nt my blame –

Pause in your Liturgies –
Wait your Chorals –
While I repeat your
Hallowed name –

Let down the Bars, Oh Death –
The tired Flocks come in
Whose bleating ceases to repeat
Whose wandering is done –

Thine is the stillest night
Thine the securest Fold
Too near Thou art for seeking Thee
Too tender, to be told.

Sang aus dem Herzen, Herr,
Tränkte den Schnabel drin,
Tropft dir das Lied zu sehr,
Ist sein Ton zu grell –

Verzeih das Scharlachrot –
Dulde den Purpur –
Der ärmste Vogel
Ist reich an Tod –

Nimm die Ballade hin –
Ungeschickt – stockend –
Tod macht die Saiten krumm –
Nicht meine Schuld –

Stell ein deine Liturgien
Halte die Chöre –
Dein geheiligter Name – ihn
Nenn ich allein –

Laß die Schranken fallen, Tod –
Die müde Herde kehrt heim
Ihr Blöken ist verklungen
Ihr Wandern ist vorbei –

Dein ist die stillste Nacht
Dein der sicherste Hort
Zu nah bist du dem Suchenden
Zu zart für unser Wort.

Except the smaller size
No lives are round –
These – hurry to a sphere
And show and end –
The larger – slower grow
And later hang –
The Summers of Hesperides
Are long.

The Crickets sang
And set the Sun
And Workmen finished, one by one
Their Seam the Day upon.

The low Grass loaded with the Dew,
The Twilight stood as Strangers do –
With Hat in Hand, polite and new
To stay as if, or go.

A Vastness, as a Neighbor, came –
A Wisdom without Face or Name –
A Peace, as Hemispheres at Home –
And so, the Night became.

Tell all the Truth but tell it slant –
Success in Circuit lies
Too bright for our infirm Delight
The Truth's superb surprise
As Lightning to the Children eased
With explantation kind
The Truth must dazzle gradually
Or every man be blind –

Kein Leben ist ein Rund,
Es sei denn klein –
Dies – eilt zum Kreise hin,
Taucht auf, geht ein –
Die größeren reifen spät
Und fallen nicht so schnell –
Der Hesperiden Sommertag
Bleibt lange hell.

Die Grille sang,
Die Sonne schwand,
Handwerker säumten, Band für Band,
Den letzten Tagesrand.

Das Gras sank tief, vom Tau bedeckt,
Das Zwielicht stand wie Fremde stehn –
Gezogenen Huts, neu und korrekt
Im Bleiben oder Gehn.

Als Nachbar kam Unendlichkeit –
Und Weisheit als Unkenntlichkeit –
Und Friede als ein häuslich All –
Dann war die Nacht bereit.

Die Wahrheit sag, doch sag sie schräg –
Der Umweg dient dem Zweck:
Zu grell für unsere lahme Lust
Der Wahrheit Freudenschreck.
Wie Blitz, durch mildes Wort erklärt,
Vertrauter wird dem Kind,
Muß Wahrheit blenden nach und nach,
Sonst würde jeder blind.

Our own Possession though our own
'Tis well to hoard anew
Remembering the dimensions
Of Possibility.

A word is dead
When it is said,
Some say.
I say it just
Begins to live
That day.

Is Heaven a Physician?
They say that He can heal –
But Medicine Posthumous
Is unavailable –
Is Heaven an Exchequer?
They speak of what we owe –
But that negotiation
I'm not a Party to –

Stets neu den eigenen Besitz
Zu horten ist gescheit
Bedenken wir, wie unbegrenzt
Das Maß der Möglichkeit.

Ein Wort hört auf zu leben,
Wenn wir ihm Ausdruck geben,
Sagt man.
Ich sag,
Es fängt erst dann
Zu leben an.

Ist Gott ein Arzt? Man redet
Von seiner Heilungskraft –
Doch gibt es keine Medizin,
Die Tote leben macht –
Ist Gott Finanzminister?
Man sagt, wir schulden viel –
Jedoch bei dieser Transaktion
Halt ich mich aus dem Spiel –

A little Madness in the Spring
Is wholesome even for the King,
But God be with the Clown –
Who ponders this tremendous scene –
This whole Experiment of Green
As if it were his own!

Ein leichter Frühlingswahnsinn tut
Sogar dem König selber gut,
Doch Gott gewährt dem Clown,
Die ungeheuren Szenerien –
Experiment aus lauter Grün –
Als eig'nes Werk zu schaun!

Alternative Fassung

Ein leichter Frühlingswahnsinn tut
Sogar dem König selber gut,
Doch gnade Gott dem Clown,
Der die gewalt'gen Szenerien –
Experiment aus lauter Grün –
Als eigenes Werk bestaunt!

Siehe auch Anmerkung Seite 84

More than the Grave is closed to me –
The Grave and that Eternity
To which the Grave adheres –
I cling to nowhere till I fall –
The Crash of nothing, yet of all –
How similar appears –

Summer is shorter than any one –
Life is shorter than Summer –
Seventy Years is spent as quick
As an only Dollar –

Sorrow – now – is polite – and stays –
See how well we spurn him –
Equally to abhor Delight –
Equally retain him –

How happy is the little Stone
That rambles in the Road alone,
And doesn't care about Careers
And Exigencies never fears –
Whose Coat of elemental Brown
A passing Universe put on,
And independent as the Sun
Associates or glows alone,
Fulfilling absolute Decree
In casual simplicity –

Mehr als das Grab verschließt sich mir –
Das Grab und jene Ewigkeit,
An die das Grab sich lehnt –
Ich häng' am Nirgends bis ich falle –
Was stürzt ist nichts und ist doch alles –
Wie ähnlich beides scheint –

Sommer ist kürzer als irgendwer –
Leben ist kürzer als Sommer –
Siebzig Jahre so schnell verbraucht
Wie ein einziger Dollar –

Kummer – nun – der ist höflich und bleibt –
Seht, wie wir ihn vertreiben –
Ebenso ist uns die Freude leid –
Ebenso läßt man sie bleiben –

Wie glücklich ist der kleine Stein,
Der seiner Wege geht allein
Und sich nicht kümmert um Karrieren,
Die Angst nicht kennt, sich zu bewähren –
Den unscheinbaren braunen Mantel trägt,
Den ihm die Welt zufällig angelegt,
Und wie die Sonne frei beschließt,
Ob er mit andern, ob allein genießt,
Der, unbefangen wie er ist und schlicht,
Dem Obersten Gesetz entspricht –

Who has not found the Heaven – below –
Will fail of it above –
For Angels rent the House next our's,
Wherever we remove –

The Pedigree of Honey
Does not concern the Bee –
A Clover, any time, to him,
Is Aristocracy –

Drowning is not so pitiful
As the attempt to rise.
Three times, 'tis said, a sinking man
Comes up to face the skies,
And then declines forever
To that abhorred abode,
Where hope and he part company –
For he is grasped of God.
The Maker's cordial visage,
However good to see,
Is shunned, we must admit it,
Like an adversity.

Wer nicht den Himmel unten fand,
Verfehlt auch oben ihn –
Denn Engel wohnen nebenan,
Wohin wir immer ziehn –

Was wohl des Honigs Stammbaum sei,
Betrifft die Biene nicht –
Ein Klee ist für sie allemal
Von adligem Geschlecht –

Ertrinken ist so kläglich nicht
Wie der Versuch, emporzustreben.
Dreimal darf ein Versinkender
Sein Haupt zum Himmel heben,
Eh er auf ewig niedergeht
Zu der verhaßten Rast,
Wo sich die Hoffnung ihm entzieht –
Weil Gott ihn dort umfaßt.
Des Schöpfers trautes Antlitz,
So gern man es auch sieht,
Gleicht, wenn wir es bekennen,
Dem Unheil, das man flieht.

My life closed twice before its close;
It yet remains to see
If Immortality unveil
A third event to me,

So huge, so hopeless to conceive
As these that twice befell.
Parting is all we know of heaven,
And all we need of hell.

To make a prairie it takes a clover and one bee,
One clover, and a bee,
And revery.
The revery alone will do,
If bees are few.

Take all away –
The only thing worth larceny
Is left – the Immortality –

Mein Leben schloß sich zweimal vor dem Schluß;
Noch ist's nicht zu ersehn
Ob mir Unsterblichkeit bestimmt
Als drittes ein Geschehn,

So groß, unfaßbar hoffnungslos
Wie jene zwei vorher.
Wer Trennung schon vom Himmel kennt,
Braucht keine Hölle mehr.

Zu einer Prärie gehört ein Klee und eine Biene,
Ein Klee und eine Biene
Und Phantasie.
Die Phantasie tut's auch allein,
Sollten Bienen selten sein.

Nimm alles fort –
Das einzig Stehlenswerte bleibt –
Unsterblichkeit –

ANMERKUNGEN ZU DEN GEDICHTEN

Die vorliegende Auswahl umfaßt die Periode von 1849 bis 1884. Sie benutzt Thomas H. Johnsons Numerierung in der Harvard-Ausgabe *The Poems of Emily Dickinson,* die einer annähernd zeitlichen Folge entspricht. Genaue Entstehungsdaten sind bei einer großen Anzahl von Gedichten nicht nachzuweisen. Rechtschreibung und Interpunktion der Originalfassungen wurden unverändert beibehalten und die berühmten Gedankenstriche spiegeln sich an entsprechender Stelle auch in den deutschen Texten.

Ich koste nie gebrauten Trank 13

I taste a liquor never brewed (214) ist eins der wenigen Gedichte, die zu Emily Dickinsons Lebzeiten veröffentlicht wurden. Es erschien am 4. Mai 1861 als anonymer Beitrag unter dem Titel "The May Wine" mit wesentlichen redaktionellen Veränderungen im *Springfield Daily Republican.* Der Herausgeber der Zeitung war Samuel Bowles, der im Haus der Dickinsons verkehrte.

Wilde Nächte – Wilde Nächte 13

Wild Nights – Wild Nights (249) – erste Veröffentlichung in *Poems* (1891). Bei der Zusammenstellung der Auswahl für diesen Band hatte der Herausgeber, Thomas W. Higginson, große Bedenken, daß „die Übelgesinnten mehr hereinlesen könnten als diese jungfräuliche Einsiedlerin sich je dabei gedacht hatte,“ wie er an seine Mitherausgeberin, Mabel Todd, schrieb. Trotzdem entschloss er sich, dies Gedicht nicht auszulassen.

Begräbnis fühlt ich im Gehirn 19

I felt a Funeral in my Brain (280) erschien zum ersten Mal in vollständiger und unveränderter Form in der Zeitschrift *New Atlantic Quarterly,* XX, 1947. In allen früheren Veröffentlichungen fehlte die letzte Strophe.

Ins Erdreich kommt ein Gast 25

A Visitor in Marl (391) zum ersten Mal in *Unpublished Poems of Emily Dickinson* von ihrer Nichte Martha Dickinson Bianchi 1935 veröffentlicht, hieß in dieser und allen folgenden Ausgaben, "A Visitor in March". Das Wort "Marl" ist ungewöhnlich, existiert aber im Wörterbuch in der Bedeutung von *Erde,* sowohl im Zusammenhang mit verschiedenen chemischen Substanzen wie als poetischer Begriff. An anderer Stelle Schrieb ED über ihren verstorbenen Vater als "Lying in Marl".

Es kam die Nacht des ersten Tages 27

The First Day's Night had come (410) ist eins von den zahlreichen Gedichten, die zunächst in veränderter und amputierter Form gedruckt wurden. Die erste Veröffentlichung (in *Unpublished Poems,* 1935) endete mit der dritten Strophe.

Man muß kein Haus sein, heimgesucht zu werden 47

One need not be a Chamber (670) Von diesem Gedicht existieren zwei handschriftliche Fassungen mit vielfachen Varianten, besonders in der letzten Strophe, die ED am Rande aufgezeichnet hatte, ohne sich für die eine oder die andere endgültig zu entschließen. Meine Übersetzung beruht auf einem früheren Entwurf.

Der Sieg kommt spät 49

Victory comes late (690) ist eine überarbeitete Version von einem Gedicht, das ED 1861 an den Freund Samuel Bowles geschickt hatte. Die frühere Fassung, an "Dear Mr. Bowles" gerichtet, enthält statt der Gedankenstriche eine mehr konventionelle Form der Interpunktion, ein Zeichen, daß ED die allgemein üblichen Schulregeln beherrschte, sich aber, je nach Bedarf und Gelegenheit, weitgehend davon unabhängig machte.

Man gibt sich ab mit Straß 23

We play at Paste (320) ist eins der vier Gedichte, die ED ihrem ersten Brief an ihren späteren Herausgeber, Thomas W. Higginson, beifügte.

Weil ich nicht anhielt vor dem Tod 53

Because I could not stop for Death (712), eines der am häufigsten zitierten, anthologisierten und interpretierten Gedichte von ED, war bis zum Erscheinen der Harvard-Ausgabe von 1955 in einer unvollständigen und verstümmelten Fassung gedruckt und immer wieder nachgedruckt worden. Die früheren Herausgeber (Martha Dickinson Bianchi und Alfred Lete Hampton) hatten den Text weitgehend umgedichtet und die vierte Strophe (wohl aus Anstandsgründen) wegfallen lassen.

Ich hab noch nie ein Moor gesehen 67

I never saw a Moor (1052) Das Wort "Checks" war für die früheren Herausgeber unverständlich und wurde von ihnen in "chart" verwandelt. Thomas H. Johnson bemerkt hierzu in der kritischen Gesamtausgabe der Gedichte von 1955, daß ED das Wort "Checks" im Sinne von „Fahrkarten" benutzt habe. An einer anderen Stelle sagt sie: „Meine Gewißheit über die Existenz des Himmels ist so groß, als brauchte ich nur dem Schaffner meine Karten zu übergeben, um zu wissen, daß ich dort angekommen war.“ (Nach Langenscheidt bedeutet “check” unter anderem auch „Gepäckschein“.)

A little Madness in the Spring (1333) Über dieses Gedicht gibt es zwei diametral entgegengesetzte Auffassungen. Einerseits wird es häufig als ironischer Angriff auf die Überheblichkeit der Transzendentalisten interpretiert, andererseits kann man darin eine für ED nicht ungewöhnliche Identifizierung mit dem Außenseiter (Clown-Narren) sehen. Um beiden Seiten gerecht zu werden, habe ich, mit Hilfe einer kleinen Änderung in der Übersetzung, beide Möglichkeiten ausprobiert. Eine eindeutige Auslegung des Originaltexts wird erschwert durch das Wort “be” in der dritten Zeile, die hier ausschlaggebend ist. Da ED häufig den Konjunktiv an Stelle des Indikativs benutzte, ist eine endgültig befriedigende Aufklärung über das Verhältnis zwischen Gott und Clown – ohne direkte Befragung der Dichterin, wie über viele andere Verhältnisse in ihrem Leben – leider nicht möglich.

Ein interessantes Beispiel für EDs Arbeitsmethode und ihre Einstellung zum „unbegrenzten Maß der Möglichkeit“ gibt ein Rohentwurf (von Thomas H. Johnson angeführt), der genau anzeigt, wie sie in der Suche nach dem richtigen Wort vorging. In Zeile 5 schwankte sie zwischen “*sudden* legacy” und “*fair* Apocalypse /of Green/” und zog dafür sieben verschiedene Adjektive in Erwägung, bevor sie sich zu dem letzten, “whole”, entschloß. Danach experimentierte sie mit Varianten für die neue Zeile in folgender Form:

This whole Apocalypse of Green
experience –
Astonishment –
Periphery –
wild experiment
Experiment (von ihr unterstrichen).

Die von mir übersetzte Fassung beruht auf einer Reinschrift, die ED an ihre Schwägerin Susan Dickinson schickte.

BRIEFE

ZUM BRIEFWECHSEL ZWISCHEN EMILY DICKINSON UND THOMAS WENTWORTH HIGGINSON

Als Emily Dickinson am 15. April 1862 ihren ersten Brief (ohne formelle Anrede) an "Mr Higginson" schrieb, war er eine berühmte Persönlichkeit, nicht nur als Schriftsteller und Kritiker, sondern auch als revolutionärer Kämpfer für die Sklavenbefreiung und als ehemaliger Prediger, der in seiner Antrittspredigt (1852) gesagt hatte: „Wir brauchen mehr Radikalismus in unserer Religion und mehr Religion in unserem Radikalismus." Sein Auftreten auf den verschiedensten öffentlichen Schauplätzen wurde regelmäßig in der Tageszeitung "Springfield Republican" kommentiert und von einem großen Publikum verfolgt. Dazu gehörte auch Emily Dickinson, trotz ihrer Beteuerung, daß sie keine anderen Nachrichten erreichten als der „alltägliche Bericht von der Unsterblichkeit".

Ein Aufsatz von Higginson über die Kunst des Schreibens in der Aprilnummer des *Atlantic Monthly* hatte viele unbekannte Schriftsteller dazu ermutigt, ihm ihre Manuskripte einzusenden. Wie er an den Herausgeber des *Atlantic* schrieb, befand sich unter dem Material nichts, was zur Veröffentlichung geeignet gewesen wäre. Trotzdem: Emily Dickinsons erregter, dringlicher Appell und die Originalität ihrer beigefügten Gedichte hatten sein Interesse geweckt. Er antwortete ihr fast umgehend und bat sie um weitere Gedichte sowie um ein Bild von sich und einige biographische Angaben. Sie benutzte ihre erprobte „schräge" Wahrheitsmethode, beantwortete seine Fragen mit neuen rätselhaften Anspielungen oder gar nicht und behauptete, sie habe „vor diesem Winter kein Gedicht geschrieben" und der Gedanke an Veröffentlichung läge ihr „so fern ... wie das Firmament der Fischflosse". Sie nannte Higginson ihren Mentor und unterzeichnete ihre Briefe mit "your scholar" („Ihre Schülerin"). (Das englische Wort "scholar" ist grammatikalisch neutral und hat die zusätzliche Bedeutung von Gelehrsamkeit; es kann als Bezeichnung für einen Gelehrten wie für einen „Belehrten" benutzt werden). Sie bat ihn um seine Freundschaft und Hilfe, und er ging darauf ein. Die Freundschaft entwickelte sich in einer für beide unerwarteten Weise, aber die wohlgemeinte Kritik, die er an ihrer dichterischen Ausdrucksform übte, wurde von ihr lediglich mit Dank zur Kenntnis genommen, ohne zu den von ihrem Lehrmeister erwünschten Resultaten zu führen.

Ihr Brief vom August 1862 erweckt fast den Eindruck, als hätte sie sich wirklich bemüht, sich seinen Anforderungen anzupassen. „Sind die [Gedichte] hier ordentlicher?“ fragt sie, und „Wollen Sie mir helfen, mich zu bessern?“ Sie ist anscheinend bereit, orthographische Fehler zu korrigieren, aber ihr persönlicher Stil bleibt unkorrigierbar. Bei aller scheinbaren Bescheidenheit dem Lehrer gegenüber, tritt sie ihm immer wieder mit erstaunlicher Überlegenheit entgegen. Was sie für sich als wichtig und notwendig erkannte (die „Botschaft der Natur“, die sie weitergibt), bedarf keiner anderen Autorität. Die wiederholte Erfahrung, daß ihre Sprache nicht die ihrer Zeitgenossen war, führte sie dazu, ihren „Brief an die Welt“ für spätere Zeiten aufzubewahren.

Emilys Bruder Austin sagte nach ihrem Tod, sie habe vor Higginson „posiert“, das heißt, ihm etwas vorgespielt. Doch das trifft nur bedingt zu. Obwohl es ihr nicht schwerfiel, in wechselnden Rollen und Verkleidungen vor ihren Freunden zu erscheinen, darf man ihr glauben, wenn sie an Higginson schrieb: „Sie wußten nicht, daß Sie mir das Leben gerettet haben“ – und ihn später ihren „sichersten Freund“ nannte, zu dem sie immer flüchten konnte.

In der modernen Literaturkritik wurde Higginson noch bis Ende der sechziger Jahre ziemlich einstimmig als Vertreter des bornierten, spießerischen Philistertums angegriffen. Man warf ihm vor, daß er Emily Dickinsons Genie nicht sofort entdeckt und es mit der Welt geteilt hatte. Diese Kritik ist ungerecht, denn sie entstellt die Tatsachen. Higginsons persönliche Aufzeichnungen und Äußerungen sind unmittelbare Beweise dafür, wie stark er sich von der Wirkung ihres Genies ergriffen fühlte. Er versuchte, sie in die „normale“ Welt seiner literarischen Salons einzuführen und sie damit gesellschaftsfähig zu machen. Aber auch wenn es ihm gelungen wäre, ihre Widerstände gegen diese Art von „Menagerien“ zu überwinden, er hätte, selbst mit dem großen Einfluß seiner Persönlichkeit, ihr nicht das Ansehen verschaffen können, das ihr in vollem Ausmaß erst in diesem Jahrhundert zuteil wurde. Daß er nach ihrem Tod den Mut aufbrachte, sich als Vorkämpfer für ihr Werk einzusetzen und den oft höhnischen Angriffen vieler seiner Kollegen mit bewundernswerter Standhaftigkeit zu begegnen, ist eine Leistung, mit der die Geschichte von Emily Dickinsons Ruhm beginnt.

15. April 1862

Mr Higginson,

Sind Sie zu schwer beschäftigt, um zu sagen, ob mein Vers lebt?

Der Geist ist sich selbst so nah – er kann nicht klar sehen – und ich habe keinen, den ich fragen kann –

Sollten Sie glauben, daß er atmet – und hätten Sie die Muße, es mir zu sagen, ich würde tiefe Dankbarkeit empfinden –

Wenn ich im Irrtum bin – wollten Sie mir das sagen – es würde meine Achtung vor Ihnen erhöhen –

Ich füge meinen Namen bei – und bitte Sie – sehr geehrter Herr – mir zu sagen, was wahr ist?

Daß Sie mich nicht verraten werden – darum brauche ich Sie nicht zu bitten – denn die Ehre ist ihr eigenes Unterpfand –

Anstelle einer Unterschrift fügte ED eine Karte bei, auf die sie ihren Namen schrieb. Dieser erste Brief an Higginson ist der Beginn einer Korrespondenz, die bis zum letzten Monat vor ihrem Tod anhielt. Der äußere Anlaß war ein Leitartikel von Higginson im *Atlantic Monthly,* "Letter to a Young Contributor" (Brief an einen jungen Einsender), in dem er schreibenden Anfängern praktische Ratschläge gab. Der Brief an Higginson enthielt vier Gedichte von ED.

25. April 1862

Mr Higginson,

Ihre Freundlichkeit verdiente einen früheren Dank – aber ich war krank – und schreibe heute auf meinem Kissen.

Ich danke Ihnen für die Operation – sie war nicht so schmerzhaft wie ich erwartete. Ich bringe Ihnen andere [Gedichte] – wie Sie es verlangen – obwohl sie vielleicht nicht anders sind –

Solange mein Gedanke unbekleidet ist – sehe ich den Unterschied, aber wenn ich ihnen etwas anziehe – ist einer wie der andere, starr und stumm.

Sie fragten, wie alt ich sei? Ich habe vor diesem Winter kein Gedicht geschrieben – bis auf eins oder zwei – verehrter Herr –

Ich hatte einen Schrecken – seit September – über den ich mit niemand sprechen konnte – und so singe ich wie der Knabe am Friedhof – weil ich mich fürchte – Sie fragen nach meinen Büchern – An Dichtern – habe ich Keats – und Mr und Mrs Browning. An Prosa – Mr Ruskin – Sir Thomas Browne – und die Offenbarungen. Ich bin zur Schule gegangen – aber in Ihrem Sinne hatte ich keine Ausbildung. Als kleines Mädchen hatte ich einen Freund, der mich Unsterblichkeit lehrte – aber er selbst wagte sich zu nah heran – und kam nie zurück – Bald nachdem mein Lehrer gestorben war – und viele Jahre lang war mein Lexikon mein einziger Gefährte – Dann fand ich einen anderen – aber es genügte ihm nicht, mich als Schülerin zu haben – so verließ er das Land.

Sie fragen nach meinen Gefährten. Die Hügel – Herr – und der Sonnenuntergang – und ein Hund – so groß wie ich, den mir mein Vater kaufte – Sie sind besser als menschliche Wesen – weil sie wissen – aber nichts verraten – und der Lärm im Teich am Mittag – übertrifft mein Klavier. Ich habe einen Bruder und eine Schwester – Meine Mutter hält nichts vom Denken – und Vater ist zu beschäftigt mit seinen Gerichtsakten, um zu merken, was wir tun – Er kauft mir viele Bücher – aber bittet mich, sie nicht zu lesen – denn er fürchtet, daß sie den Geist zerrütten. Alle sind gläubig – außer mir – und reden jeden Morgen eine Eklipse an – die sie ihren „Vater" nennen. Aber ich fürchte, meine Geschichte ermüdet Sie – Ich würde gerne lernen – Können Sie mir sagen, wie man wächst – oder ist das nicht mitteilbar – wie Melodie – oder Hexenkunst?

Sie sprechen von Mr Whitman – Ich habe sein Buch nie gelesen – hörte aber, daß er schändlich sei –

Ich habe Miss Prescott's "Circumstance" gelesen, aber es hat mich in der Dunkelheit verfolgt – deshalb wich ich ihr aus –

Zwei Redakteure von Zeitschriften kamen diesen Winter in meines Vaters Haus – und fragten, was meine Meinung sei – und als ich sie fragte „Warum?", sagten sie, ich sei knauserig – und sie wollten sie [die Meinung] der Welt mitteilen –

Ich selbst konnte mein Selbst nicht messen –

Meine Größe erschien mir – klein – Ich las Ihre Kapitel im *Atlantic* – und empfand Achtung vor Ihnen – Ich war sicher, Sie würden eine vertrauliche Frage nicht zurückweisen –

Ist dies – mein Herr – was Sie von mir hören wollten?

In Freundschaft
E – Dickinson.

Higginsons Artikel im *Atlantic Monthly* zitiert Ruskin und erwähnt Sir Thomas Brownes eindringlichen Stil. John Ruskin (1819–1900), englischer Kunstkritiker und Vertreter einer sozialen Reformbewegung, veröffentlichte 1843 den ersten Band seiner fünfbändigen Geschichte der modernen Malerei

("Modern Painters"), die ihn zum einflußreichsten Kritiker seiner Zeit machte. Sir Thomas Browne (1605–1682), englischer Arzt und Schriftsteller, verband in seinen Werken religiöse Betrachtungen und Skeptizismus.

ED's „Freund, der [sie] Unsterblichkeit lehrte", war, wie man annimmt, Benjamin Franklin Newton, ein Jura-Praktikant, der von 1847 bis 1849 bei ihrem Vater arbeitete. Er war neun Jahre älter als sie und hatte einen entscheidenden Einfluß auf ihre frühe Entwicklung. (Siehe auch Anmerkung auf Seite 00.)

Walt Whitman (1819–1892) hatte 1855 mit der Veröffentlichung seines ersten Gedichtbandes „Grashalme" ("Leaves of Grass") großes allgemeines Aufsehen erregt.

"Circumstance" („Der Umstand") war eine im *Atlantic* vom Mai 1860 veröffentlichte Erzählung der damals sehr beliebten Schriftstellerin Harriet Prescott Spofford.

7. Juni 1862

Lieber Freund,

Ihr Brief brachte keine Trunkenheit, weil ich Rum schon vorher gekostet hatte – Domingo kommt nur einmal – doch haben mich wenig Freuden so tief berührt wie Ihr Urteil, und wollte ich Ihnen zu danken versuchen, würden die Tränen meine Zunge hemmen –

Mein sterbender Lehrer sagte mir, er würde leben wollen bis ich ein Dichter geworden wäre, aber der Tod war für mich ein Aufruhr, den ich kaum beherrschen konnte – damals – Und noch lange danach – wenn ein plötzliches Licht auf den Obstgärten oder eine neue Mode des Windes meine Aufmerksamkeit erregte – fühlte ich eine Lähmung in mir – die von den Versen nur gelindert wird –

Ihr zweiter Brief überraschte mich und machte mich einen Augenblick schwanken – Ich hatte ihn nicht erwartet – Ihr erster brachte keine Schande, denn die Wahrhaftigen schämen sich nicht – Ich dankte Ihnen für Ihre Gerechtigkeit – aber konnte die Schellen nicht fallen lassen, deren Geklingel meinen schweren Schritt dämpfte – Vielleicht wirkte der Balsam besser, weil Sie mich erst bluten ließen.

Ich lächle bei Ihrem Vorschlag, ich solle vorläufig nichts „veröffentlichen" – weil das meinen Gedanken so fern ist wie das Firmament der Fischflosse –

Wenn der Ruhm mir gehörte, könnte ich ihm nicht entfliehen – wenn nicht, würde mich der längste Tag auf der Jagd überholen – und die Anerkennung meines Hundes ginge mir verloren – Mein *barfüßiger Rang ist besser* –

Sie finden meinen Gang sprunghaft – Ich bin in Gefahr – Herr – Sie finden, mir fehlt die Kontrolle – Ich habe kein Tribunal.

Würden Sie Zeit haben, der „Freund“ zu sein, den ich, wie Sie meinen, brauche? Meine Gestalt ist klein – sie würde nur wenig Platz auf Ihrem Schreibtisch einnehmen und auch nicht soviel Krach machen wie die Maus, die an Ihrem Holzwerk nagt –

Wenn ich Ihnen bringen dürfte, was ich mache – nicht so oft, daß es Sie stören würde – und Sie fragen könnte, ob ich's klar gesagt habe – wär' das für mich Kontrolle –

Der Seemann, der den Nord nicht sieht – muß seinem Kompaß traun –

Der „Hand im Dunkeln mir gereicht“, halt' ich die meine hin und kehre um – Ich habe jetzt nichts Angelsächsisches –

Als bät' ich um Almosen nur,
Und die erstaunte Hand
Bekommt ein Königreich geschenkt,
Und ich steh wie gebannt –
Als bäte ich den Orient,
Gib mir ein Morgenlicht –
Und er die Purpurdämme hebt,
Und Licht zerschmettert mich!

Wollen Sie wirklich mein Lehrmeister sein, Mr Higginson?

In Freundschaft
E Dickinson –

Die Wendung „Ich habe nichts Angelsächsisches“ (I have no Saxon) bedeutet: die Sprache versagt mir, wie aus einem Gedichtentwurf hervorgeht, in dem sie “English language” als Alternative für “Saxon” erwägt.

Juli 1862

Glauben Sie mir auch ohne eins? Ich habe kein Portrait, aber ich bin klein wie der Zaunkönig, und mein Haar ist dreist wie die Kastanienklette – und meine Augen sind wie der Sherry in dem Glas, das der Gast stehen läßt – Genügt Ihnen das?

Vater ist oft besorgt darüber – Er sagt, der Tod könnte eintreffen, und er hat Abbildungen von allen anderen – aber von mir hat er keine, doch ich habe festgestellt, daß das Lebendige in wenigen Tagen von diesen Dingen abfällt und verhüte die Schande – Sie werden das nicht als Laune ansehen –

Sie sagten „Dunkel“. Ich kenne den Schmetterling – und die Eidechse – und die Orchidee –

Sind das nicht *Ihre* Landsleute?

Ich bin glücklich, Ihre Schülerin zu sein und werde die Freundlichkeit verdienen, die ich nicht vergelten kann.

Wenn Sie wirklich zustimmen, rezitiere ich jetzt –

Wollen Sie mir meine Fehler sagen, so offen als sprächen Sie zu sich selbst, denn lieber will ich zusammenzucken als sterben. Man ruft den Chirurgen nicht, um den Knochen zu loben, sondern um ihn einzurenken, mein Herr, und der innere Bruch ist kritischer. Und dafür, verehrter Lehrmeister, verspreche ich Ihnen – Gehorsam – die Blüte aus meinem Garten und jede Dankbarkeit, die ich kenne. Vielleicht lächeln Sie über mich. Das würde mich nicht hindern – Der Kreisumfang ist meine Angelegenheit – Eine Unkenntnis, nicht der Gebräuche, aber mit der Morgenröte ertappt zu werden – oder vom Sonnenuntergang entdeckt – und ich das einzige Känguruh inmitten all der Schönheit, das, verehrter Herr, bedrückt mich, und ich meinte, daß Unterweisung mich befreien könnte.

Da Sie so viele Obliegenheiten haben, abgesehen von meinem Wachstum – werden Sie selbst bestimmen, wie oft ich kommen soll – ohne zur Last zu fallen. Und wenn Sie irgendwann – bereuen, mich empfangen zu haben, oder wenn ich mich aus anderem Stoff erweise als Sie annahmen – müssen Sie mich verbannen –

Wenn ich mich als Repräsentantin der Verse bezeichne – meine ich dabei nicht – mich – sondern eine angenommene Person. Sie haben recht mit der „Vollkommenheit.“

Das Heute macht das Gestern minderwertig.

Sie sprachen von „Pippa geht vorüber“ – Ich habe nie zuvor jemanden von „Pippa geht vorüber“ sprechen hören.

Sie sehen, ich lebe in Unwissenheit.

Ihnen zu danken verwirrt mich. Sind Sie allmächtig? Wenn ich eine Freude hätte, die Sie nicht haben, würde es mich beglücken, sie Ihnen zu bringen.

Ihre Schülerin

Robert Browning (1812–1889), englischer Dichter, verheiratet mit Elizabeth Barrett Browning, die von ED sehr bewundert wurde. Robert Brownings "Pippa Passes" war 1841 erschienen.

"Circumference", ein Begriff, der in ED's Dichtung häufig als ein magisches Schlüsselwort auftaucht, hat den Anlaß zu den verschiedensten literaturkritischen Untersuchungen gegeben. Sie konnte ihren „Kreisumfang" beliebig ausdehnen und umwandeln, aber im wesentlichen deckte er sich offenbar mit ihrer Vorstellung von der äußersten Grenze des menschlich Erfaßbaren.

August 1862

Lieber Freund –

Sind die hier ordentlicher? Ich danke Ihnen für die Wahrheit –

Ich hatte keinen Herrscher in meinem Leben und kann mich nicht selbst regieren, und wenn ich Ordnung machen will – explodiert meine kleine Streitmacht – und ich bleibe dürftig und verkohlt zurück –

Ich glaube, Sie nannten mich „eigensinnig". Wollen Sie mir helfen, mich zu bessern?

Ich nehme an, daß der Stolz, der uns mitten im Wald den Atem anhalten läßt, nicht unser eigener ist –

Sie sagen, ich gestehe die kleinen Fehler ein und übergehe die großen – Weil ich die Orthographie sehen kann – aber die unsichtbare Unwissenheit [zu entdecken] ist die Aufgabe meines Lehrers –

Warum ich „den Verkehr mit Männern und Frauen meide" – sie sprechen laut über heilige Dinge – und verwirren meinen Hund – Er und ich haben nichts gegen sie einzuwenden, wenn sie auf ihrer Seite bleiben. Ich glaube, Carlo würde Ihnen gefallen – Er ist stumm und tapfer – Ich glaube, Sie würden den Kastanienbaum mögen, dem ich auf meinem Weg begegnete. Er tauchte plötzlich vor mir auf – und ich dachte, der Himmel steht in Blüte –

Dann gibt es ein geräuschloses Geräusch im Obstgarten – das ich andere Leute hören lasse – Sie sagten mir in einem Brief, Sie könnten mich „jetzt" nicht besuchen, und ich gab keine Antwort, nicht weil ich keine hatte, sondern weil ich nicht glaubte, so eine weite Reise wert zu sein –

Ich bitte nicht um eine so große Freude, damit Sie sie mir nicht versagen –

Sie schreiben „Jenseits Ihres Wissens." Sie würden keinen Scherz mit mir treiben, weil ich Ihnen glaube – aber verehrter

Lehrer – meinen Sie's im Ernst? Alle Leute sagen „Was?“ zu mir, aber ich hielt das für eine Redensart –

Als ich als kleines Mädchen oft im Wald war, sagte man mir, daß die Schlange mich beißen würde, daß ich eine giftige Blume pflücken könne oder daß Waldgeister mich entführen würden, aber ich ging weiter und traf niemanden außer Engeln, die viel mehr Scheu vor mir zeigten als ich vor ihnen, deshalb halte ich nichts von dem Betrug, den viele üben.

Ich werde Ihre Lehre beachten – obwohl ich sie nicht immer verstehe.

Ich hatte eine Zeile in einem Vers unterstrichen – weil ich sie fand, nachdem ich ihn geschrieben hatte – und nie bewußt eine Farbe anrühre, die ein anderer gemischt hat –

Ich gebe sie nicht auf, weil sie mir gehört.

Haben Sie ein Bild von Mrs Browning? Ich habe drei geschickt bekommen – Wenn Sie keins besitzen, wollen Sie eins von mir?

Ihre Schülerin

Dieser Brief enthielt zwei Gedichte.

Februar 1863

Lieber Freund,

Ich hatte nicht geglaubt, daß planetarische Kräfte einen Austausch von Gebieten oder einer Welt annulieren sondern, daß sie ihn zuließen –

Ich hätte Sie gern gesehen, bevor Sie unwahrscheinlich wurden. Den Krieg empfinde ich als einen abschüssigen Ort – Sollte es noch weitere Sommer geben, würden Sie vielleicht kommen?

Ich entdecke, daß Sie fort waren, durch Zufall, wie ich entdecke, daß Welten oder Jahreszeiten nicht mehr da sind, ohne die Ursache zu erfahren – aber ich nehme an, es ist ein Verrat des Fortschritts – der im Gehen vergehen läßt. Carlo – ist noch geblieben – und ich hab ihm gesagt –

Gewinn braucht Prüfung durch Verlust –
Erst dann wird er Gewinn –

Mein langhaariger Verbündeter stimmte dem bei –

Vielleicht lehrte mich der Tod – Ehrfurcht vor meinen Freunden – er traf so scharf und früh, denn seitdem ist meine Liebe für sie zerbrechlich geworden – ich trage sie mit mehr ängstlicher Vorsicht als friedlicher Zuversicht. Ich hoffe, Sie werden die Grenze des Krieges überschreiten, und obwohl ich nicht zum Gebet erzogen bin – wenn in der Kirche der Gottesdienst für unsere Waffen gehalten wird, schließe ich Sie ein [...] Ich dachte heute – als ich feststellte, daß das „Übernatürliche“ nichts anderes ist als das Natürliche – enthüllt:

Die „Offenbarung“ ist bereit,
Nur unser Auge nicht –

Aber ich fürchte, ich halte Sie auf –

Sollten Sie, bevor Sie dies erreicht, Unsterblichkeit erfahren, wer wird mich von dem Tausch verständigen? Wenn Sie, in Ehren, den Tod vermeiden können, so bitte ich Sie inständig – verehrter Herr – Er würde trauernd hinterlassen

Ihren Gnom –

Ich hoffe, die „Prozession der Blumen“ war keine Vorahnung.

Higginson war im November 1862 als Befehlshaber des ersten Regiments von schwarzen Soldaten nach South Carolina gegangen und im Dezember zum Oberst ernannt worden. Anscheinend erfuhr ED diese Tatsachen durch Zeitungsartikel im *Springfield Republican*. Die „Prozession der Blumen“ war ein Aufsatz von Higginson, der im Dezember 1862 im *Atlantic Monthly* erschien. Für die Unterschrift konnte Higginson keine Erklärung geben.

Cambridge, Anfang Juni 1864

Lieber Freund,

Sind Sie in Gefahr –

Ich wußte nicht, daß Sie verwundet wurden. Wollen Sie mir mehr darüber sagen? Mr Hawthorne ist gestorben.

Ich bin krank seit September und seit April in Boston in Behandlung bei einem Arzt – Er läßt mich nicht fort, doch ich arbeite in meinem Gefängnis und mache mir meine eigenen Gäste –

Carlo ist nicht mitgekommen, weil er im Gefängnis sterben würde, und die Berge konnte ich nicht tragen, so nahm ich nur die Götter mit –

Ich wünsche mir, Sie zu sehen, mehr noch als vor meiner Krankheit – Sagen Sie mir etwas über Ihre Gesundheit?

Ich bin überrascht und beunruhigt, seit ich Ihre Zeilen erhielt –

Die einz'ge Neuigkeit für mich
Ist der alltägliche Bericht
Von der Unsterblichkeit.

Können Sie meinen Bleistift lesen?

Der Arzt hat mir die Feder weggenommen.

Ich lege die Adresse eines [an mich geschriebenen] Briefes bei, falls meine Zeichen versagen – Von Ihrer Genesung zu wissen – würde mir mehr bedeuten als die eigene –

E – Dickinson

Higginson war im Juli 1863 verwundet worden und verließ die Armee im Mai 1864. ED fuhr am 4. Februar 1864 nach Boston, um einen Arzt wegen eines Augenleidens zu konsultieren. Anscheinend verordnete er eine längere Behandlung unter seiner Aufsicht. Sie verbrachte sieben Monate, gemeinsam mit ihren Kusinen Louise und Frances Norcross, in einer Pension in Cambridge bei Boston.

Nathaniel Hawthorne (1804–1864), amerikanischer Schriftsteller, der durch seinen ersten Roman, „Der scharlachrote Buchstabe", berühmt wurde.

Anfang 1866

Lieber Freund.

Wen mein Hund verstanden hat, kann anderen nicht entgehen. (Whom my dog understood could not elude others.)

Ich würde mich freuen, Sie zu sehen, aber das erscheint mir als eine geisterhafte Freude – unerfüllbar. Boston ist für mich ungewiß.

Ich hatte versprochen, meinen Arzt für ein paar Tage im Mai zu besuchen, aber Vater ist dagegen, weil ich für ihn eine Gewohnheit bin.

Ist der Weg nach Amherst weiter?

Sie würden einen winzigen Gastgeber finden, aber ein ausgedehntes Willkommen –

Falls Sie meiner Schlange begegnen und glauben, ich täuschte Sie, man hat sie mir gestohlen – und außerdem durch die Interpunktion in der dritten Zeile zerstört. Die dritte und die vierte gehören zusammen – Ich hatte Ihnen gesagt, ich ließe nichts drucken – Ich fürchtete, Sie würden mich für wichtigtuerisch halten. Wenn ich Sie weiter inständig bitte, mich zu belehren, ist Ihnen das unangenehm?

Ich werde geduldig sein – beständig, nie Ihr Messer zurückweisen, und wenn meine Langsamkeit Sie reizt, so wußten Sie doch längst vor mir:

Kein Leben ist ein Rund
Es sei denn klein –
Dies eilt zum Kreise hin,
Taucht auf, geht ein –
Die größeren reifen spät
Und fallen nicht so schnell –
Der Hesperiden Sommertag
Bleibt lange hell.

Dickinson

Dieser Brief enthielt ein weiteres Gedicht und einen Zeitungsausschnitt aus dem *Springfield Weekly Republican* mit einem Gedicht von ED. Sie bezieht sich auf einen Brief von Higginson, der den Wunsch aussprach, sie zu sehen und sie „ausweichend“ nannte. Das veröffentlichte Gedicht (“A narrow Fellow in the Grass”) wurde von dem Herausgeber Samuel Bowles, einem Freund der Dickinson-Familie, der in ED's Briefen und in ihrem Leben eine bedeutende Rolle spielte, mit dem Titel „Die Schlange“ versehen.

9. Juni 1866

Lieber Freund

Bitte danken Sie der Dame. Es ist sehr lieb von ihr, an mich zu denken.

Ich muß Boston aufgeben. Vater will es so. Er läßt mich gern in seiner Begleitung reisen, aber ist dagegen, daß ich Besuche mache.

Darf ich Sie als meinen Gast dem Gasthaus von Amherst anvertrauen? Wenn ich Sie einmal gesehen habe, wird es mir eine größere Freude sein, mich zu bessern, denn dann werde ich wissen, was meine Fehler sind.

Ihre Meinung gibt mir ein ernstes Gefühl. Ich wäre gerne so, wie Sie mich sehen.

Danke, ich wünschte, Carlo wäre hier.

Die Zeit ist Prüfstein unsrer Not,
Jedoch kein Heilungstrank –
Beweist sie das, beweist sie auch,
Der Kranke war nie krank.

Aber ich habe den Hügel, meinen Rest von Gibraltar.

Die Natur, so scheint es mir, spielt auch ohne Freund.

Sie erwähnen die Unsterblichkeit.

Das ist das Überschwemmungsthema. Man sagte mir, das Ufer sei der sicherste Ort für den flossenlosen Geist. Ich gehe selten auf Entdeckungen aus, seit mein stummer Verbündeter [nicht mehr da ist], aber die „unendliche Schönheit" – von der Sie sprechen, kommt zu nah zum Suchen.

Um der Verzauberung zu entgehen, muß man immer fliehen.

Das Paradies steht offen.

Jedermann wird es bewohnen, unbekümmert um Adam und den Widerruf.

Dickinson

Dieser Brief, der zunächst durch den äußerst sparsamen Gebrauch von Gedankenstrichen auffällt, ist eine Antwort auf Higginsons Drängen, nach Boston zu kommen, ihre zweite Absage. Vier Gedichte sind beigefügt. Carlo, der „stumme Verbündete", war im Januar gestorben. „Bitte danken Sie der Dame" bezieht sich auf Higginsons Frau Mary, die anscheinend durch ihren Mann ihr Beileid ausgedrückt hatte. „Das Überschwemmungsthema" (the Flood subject) ist Gegenstand vieler literaturkritischer Untersuchungen im Zusammenhang mit ED's Unsterblichkeitsvorstellungen.

Juni 1869

Lieber Freund

Ein Brief ist für mich immer wie Unsterblichkeit, weil er nur Geist ist ohne den körperlichen Freund. Im Gespräch sind wir abhängig von Ton und Haltung, deshalb liegt eine Art geisterhafte Kraft in dem Gedanken, der allein einhergeht – Ich würde Ihnen gern für Ihre große Freundlichkeit danken, aber ich versuche nie die Worte anzuheben, die ich nicht halten kann.

Sollten Sie nach Amherst kommen, so würde es mir vielleicht gelingen, wenngleich Dankbarkeit der schüchterne Reichtum derjenigen ist, die nichts haben. Ich bin sicher, daß Sie die Wahrheit sprechen, weil edle Menschen das tun, aber Ihre Briefe überraschen mich immer. Mein Leben ist zu einfach und streng, um andere in Verlegenheit zu setzen.

„Von Engeln gesehen", dafür bin ich kaum verantwortlich.

Es ist schwer, an einem so schönen Ort nicht eine Phantasiefigur zu werden, aber der Prüfung strenge Korrektur ist allen gestattet. (It is difficult not to be fictitious in so fair a place, but test's severe repairs are permitted all.)

Ich erinnere mich, daß ich als kleines Mädchen jene merkwürdige Stelle hörte und die „Kraft" vorzog, ohne damals zu wissen, daß das „Reich" und die „Herrlichkeit" dazu gehörten.

Sie bemerkten, daß ich allein lebe – Für den Auswanderer ist Heimat ein leeres Wort, es sei denn die eigene. Sie sagen freundlicherweise, daß Sie mich sehen möchten. Wenn Sie sich die Mühe machen wollten, nach Amherst zu kommen, würde ich mich sehr freuen, aber ich überschreite meines Vaters Gebiet nicht zu irgendeinem Haus oder einer Stadt.

Unsere größten Handlungen sind uns nicht bewußt.

Sie wußten nicht, daß Sie mir das Leben gerettet haben. Ihnen persönlich zu danken, war seitdem einer meiner wenigen Wünsche. Das Kind, das um meine Blume bittet, „Willst du?" sagt es – „Willst du?" – so weiß auch ich nicht, wie ich anders bitten soll um das, was ich mir wünsche.

Sie werden verzeihen, was ich hier sage, weil mich kein anderer unterrichtet hat?

Dickinson

Dies ist ED's dritter Brief, in dem sie eine Aufforderung, nach Boston zu kommen, ablehnt und ihre zweite Einladung an Higginson, nach Amherst zu kommen. Der folgende Brief von Higginson, datiert vom 11. Mai 1869, geht diesem voraus.

[von T. W. Higginson]

Manchmal nehme ich mir Ihre Verse und Briefe vor, liebe Freundin, und wenn ich ihre seltsame Kraft spüre, ist es nicht verwunderlich, daß es mir schwerfällt zu schreiben und daß lange Monate darüber vergehen. Ich habe das größte Bedürfnis, Sie zu sehen, immer mit dem Gefühl, daß vielleicht, wenn ich Sie einmal bei der Hand nehmen könnte, ich Ihnen etwas bedeuten möge; aber inzwischen hüllen Sie sich in diesen feurigen Dunst & ich kann Sie nicht erreichen, sondern mich nur ergötzen an den seltenen sprühenden Lichterfunken. Jedes Jahr denke ich, daß ich es irgendwie einrichten werde, nach Amherst zu fahren & Sie zu sehen: aber das ist schwer, denn ich habe viele Verpflichtungen für Vortragsreisen & dgl. & kann selten zum Vergnügen fahren. Ich würde gerne zu irgendeiner annehmbaren Zeit nach Boston gehen, um Sie zu treffen. Ich habe immer die gleiche Beziehung zu Ihnen, & mein Interesse an allem, was Sie mir schicken, läßt niemals nach. Ich würde gerne recht oft von Ihnen hören, aber ich bin immer ängstlich, weil ich fürchte, was ich *schreibe,* könnte schlecht gezielt sein & vorbeitreffen an dem feinen Rand Ihres Denkens. Ich fürchte, ich könnte so leicht daneben treffen. Dennoch, wie Sie sehen, bemühe ich mich. Ich glaube, wenn ich Sie einmal sehen und mich davon überzeugen könnte, daß Sie wirklich sind, würde es mir besser gelingen. [...]

Es ist schwer zu verstehen, wie Sie so allein leben können und Gedanken von solch einer Qualität in Ihnen auftauchen, & jetzt ist Ihnen sogar die Gesellschaft Ihres Hundes entzogen worden. Jedoch, man wird sich überall isoliert fühlen, wenn man über einen bestimmten Punkt hinausdenkt oder so leuchtende Geistesblitze hat, wie sie bei Ihnen auftauchen – deshalb macht vielleicht der Ort keinen großen Unterschied.

Sie müssen doch manchmal nach Boston kommen? Alle Damen tun das. Ich frage mich, ob es möglich wäre, Sie zu den Treffen herzulocken, die jeden Monat am dritten Montag bei Mrs. Sargent, 13 Chestnut St., um 10 Uhr früh stattfinden, wobei jemand einen Aufsatz liest & andere reden oder zuhören. Nächsten Montag liest Mr Emerson, & um 3 Uhr 30 findet ein Treffen des Frauenklubs in 3 Tremont Place statt, wo ich einen Aufsatz über Griechische Göttinnen lese. Das sollte eine günstige Zeit für Sie sein, obwohl ich es noch besser fände, wenn Sie an einem Tag kämen, an dem ich nicht so in Anspruch genommen bin – denn mir liegt mehr daran, Sie zu sehen als Sie zu unterhalten. Ich werde auch während der Jubiläumswoche am 25.* und 28. Juni in Boston sein, – oder würde das Musikfestspiel im Juni Sie dorthin locken? Sie sehen, ich meine es ernst. Oder brauchen Sie keine Seeluft im Sommer? Schreiben Sie und erzählen Sie mir etwas in Prosa oder in Versen & ich werde in Zukunft weniger heikel sein & lieber etwas Ungeschicktes schreiben als gar nichts.

Immer Ihr Freund
[Unterschrift abgeschnitten]

*An dem Tag findet ein zusätzliches Treffen bei Mrs. Sargent statt & Mr. Weiss wird einen Essay lesen. Ich bin berechtigt, Sie einzuladen & Sie können einfach klingeln und hereinspazieren.

Higginson nimmt mit diesem Brief als erster den schriftlichen Kontakt nach einer dreijährigen Unterbrechung der Korrespondenz wieder auf.

16. August 1870

Lieber Freund

Ich werde zu Hause sein und mich freuen.

Ich dachte, Sie sagten am 15. Das Unglaubliche überrascht uns nie, weil es das Unglaubliche ist.

E. Dickinson

Dieser kurze Brief, der anscheinend persönlich im *Amherst House* abgegeben wurde, ist eine Antwort auf Higginsons Anfrage, nachdem er dort angekommen war, ob er sie besuchen könne. Sie hatte ihn am Tag zuvor erwartet. Den folgenden Brief schrieb Higginson am selben Abend nach seinem Besuch an seine Frau Mary. Er datierte ihn Amherst, Dienstag, 10 Uhr abends:

[Auszug]

Ein Schritt wie das Trippeln eines Kindes & herein glitt eine kleine unscheinbare Frau, deren rötliche Haare wie zwei glatte Bänder ihr Gesicht umrahmten, ein bißchen wie das von Belle Dove; nicht unansehnlicher – ohne besondere Züge – in einem sehr schlichten und vorzüglich reinen weißen Piquékleid & einem blauen netzartigen Wollschal. Sie kam mir mit zwei Lilien entgegen, die sie mir mit einer kindlichen Geste in die Hand gab & sagte: ‚Dies ist meine Einführung', mit einer leisen, ängstlichen, atemlosen, kindlichen Stimme – und fügte flüsternd hinzu: ‚Verzeihen Sie, daß ich Angst habe; ich sehe nie fremde Menschen und weiß kaum, was ich sage' – aber sie fing bald zu sprechen an & fuhr danach unaufhörlich fort – & sehr ehrerbietig – manchmal innehaltend, um mich zu bitten, an ihrer Stelle zu sprechen – aber schnell wieder neu beginnend [...] Sie sagte vieles, was Du närrisch finden würdest und ich weise fand – und auch manches, was Dir gefallen hätte. Ich werde einige ihrer Aussprüche später hinzufügen. [...] [Der Brief wurde am nächsten Tag fortgesetzt]

Ich kam um 2 Uhr zurück [ins *Amherst House*] & fahre um 9 ab. E. D. hat die ganze Nacht von *Dir* geträumt (nicht von mir) & erhielt erst am nächsten Tag meinen Brief, der meine Ankunft ankündigte! Sie erfuhr von Dir nur durch meine Erwähnung in meiner Notiz über Charlotte Hawes.

[Aussprüche von ED]

„Frauen reden: Männer schweigen: deshalb graut es mir vor Frauen."

„Mein Vater liest nur am Sonntag – er liest *einsame* & *strenge* Bücher."

„Wenn ich ein Buch lese [und] dabei mein ganzer Körper so kalt wird, daß kein Feuer mich wärmen kann, weiß ich, *das* ist Dichtung. Wenn ich körperlich das Gefühl habe, als würde mir der Schädel entfernt, weiß ich, *das* ist Dichtung. Nur auf diese Weise kann ich es wissen. Gibt es eine andere?"

„Wie können die meisten Menschen ohne irgendwelche Gedanken leben? Es gibt viele Menschen auf der Welt (Sie müssen sie auf der Straße bemerkt haben). Wie leben die? Woher nehmen sie die Kraft, am Morgen ihre Kleider anzuziehen?"

„Als ich den Gebrauch meiner Augen verlor, war es ein Trost zu bedenken, daß es so wenig wirkliche *Bücher* gibt, so daß ich leicht jemanden finden könnte, um mir alle vorlesen zu lassen."

„Die Wahrheit ist so eine *seltene* Sache, es ist ein Genuß, sie auszusprechen."

„Das Leben ist für mich Ekstase – Gefühl des Daseins ist Glück genug."

Ich fragte sie, ob es ihr nie an Betätigung fehle, da sie nie ausgeht & nie Besuch empfängt. „Es ist mir nie eingefallen, daß ich je in aller Zukunft den geringsten Ansatz zu solch einem Bedürfnis verspüren könnte“ (& fügte hinzu) „Ich glaube, ich habe mich nicht stark genug ausgedrückt.“

Sie bäckt alles Brot, denn ihr Vater mag nur ihr selbstgebackenes, & sagt „& Menschen müssen Pudding haben“, so verträumt dabei, als spräche sie von Kometen – so macht sie welche.

[Am nächsten Tag schrieb Higginson wieder an seine Frau und fügte weitere Notizen über ED bei. Er datierte den Brief: Mittwochmittag:]

[. . .] Beim Abschied sagte sie zu mir: „Die Dankbarkeit ist das einzige Geheimnis, das sich nicht enthüllen kann.“

[. . .] Heute früh sah ich Mr. Dickinson kurz – dünn, trocken & wortkarg – Ich sah, was für ein Leben sie gehabt hat. Dr. S. sagt, ihre Schwester ist stolz auf sie.

Hier ist ED wieder:

„Können Sie mir sagen, was Zuhause ist?“

„Ich hatte nie eine Mutter. Ich nehme an, eine Mutter ist jemand, zu dem man läuft, wenn man in Not ist.“

„Ich konnte nie die Uhr lesen, bevor ich 15 war. Mein Vater dachte, er hätte es mir beigebracht, aber ich verstand es nicht & traute mich das nicht zu sagen & traute mich nicht, jemand anderen zu fragen, aus Angst, er könne es erfahren.“

Ihr Vater war nicht streng, scheint mir, aber distanziert. Er wollte sie [die Kinder] nichts anderes lesen lassen als die Bibel. Eines Tages brachte ihr Bruder „Kavanagh“ nach Hause, versteckte es [das Buch] unter der Klavierdecke & verständigte sie durch Zeichen & sie lasen es: ihr Vater fand es schließlich und war ärgerlich. Vielleicht geschah es vorher, daß einer seiner Studenten erstaunt darüber war, daß sie nie von Mrs. Child gehört hatten & ihnen Bücher brachte & sie in einem Gebüsch vor der Tür versteckte. Sie waren damals kleine Dinger in kurzen Kleidern, deren Füße beim Sitzen nicht auf den Boden reichten. Nach dem ersten Buch dachte sie, außer sich vor Begeisterung: „Das also ist ein Buch! Und es gibt mehr davon!“

„Ist es Vergessenheit oder Versunkensein, wenn die Dinge sich aus unserem Geist entfernen?“

Major Hunt interessierte sie mehr als irgendein anderer Mann, den sie je gesehen hatte. Sie erinnerte sich an zwei Dinge, die er sagte – daß ihr großer Hund „die Kraft der Anziehung verstand“ & wie er sagte, er würde wiederkommen „in einem Jahr. Wenn ich eine kürzere Zeit nenne, wird es länger sein.“

Als ich sagte, ich würde *irgendwann* wiederkommen, sagte sie: „Sagen Sie, nach langer Zeit. Irgendwann ist gar nichts.“

Nach langer Unfähigkeit, ihre Augen zu benutzen, las sie Shakespeare & dachte, wozu braucht man irgendein anderes Buch?

Ich war nie mit jemandem zusammen, der meine Nervenkräfte so erschöpfte. Ohne daß ich sie anrührte, zehrte sie an mir. Ich bin froh, daß ich nicht in ihrer Nähe lebe. Sie fand mich oft *müde* und schien sehr aufmerksam anderen gegenüber zu sein.

Lydia Maria Child (1802–1880), amerikanische Autorin und Verfechterin der Sklavenbefreiung, veröffentlichte u.a. eine Kinderzeitschrift und ein Kochbuch "The Frugal Housewife" („Die sparsame Hausfrau“), das sich im Dickinson-Haushalt befand.

„Kavanagh“, 1849 erschienener Roman des amerikanischen Dichters und Schriftstellers Henry Wadsworth Longfellow (1807–1882). Das Buch, dessen Hauptfiguren sich mit den „Lieben und Leiden“ des Künstlers auseinandersetzen, enthält viele Stellen einer philosophischen Rhetorik, die in ihrem Exemplar von ED unterstrichen und am Rand angestrichen sind.

Major Edward Hunt war der erste Mann von Helen Hunt Jackson, der 1863 bei einem Unfall ums Leben kam. Die Bemerkung von Higginson, daß er sie „mehr interessierte als irgendein anderer Mann“ wird inzwischen allgemein als Mißverständnis angesehen, das möglicherweise auf einer ihrer überschwänglichen Äußerungen beruhte. Helen Hunt (1830–1885) wurde von Higginson als „eine der begabtesten Dichterinnen in Amerika“ bezeichnet; sie war die erste, die ein unmittelbares Interesse und Verständnis für ED's Gedichte zeigte und sich immer wieder bemühte, sie zum Veröffentlichen zu überreden.

[Zwanzig Jahre später schrieb Higginson in der Zeitschrift *Atlantic Monthly* (Oktober 1891) über seine erste Begegnung mit ED:]

Der Eindruck, den ich zweifellos hatte, war der einer übermäßigen Spannung und eines unnormalen Lebens. Vielleicht hätte ich mit der Zeit über diese ziemlich überspannte Beziehung hinwegkommen können, die nicht mein Wunsch, sondern ihre Bedürfnisse uns aufgezwungen hatten. Sicher wäre ich äußerst froh gewesen, wenn es mir gelungen wäre, sie [die Beziehung] auf die Stufe der einfachen Wahrheit und alltäglichen Kameradschaftlichkeit zu bringen; aber es war keineswegs einfach. Ihr Wesen war ein viel zu großes Rätsel für mich, als daß ich es in dem Interview von einer Stunde hätte lösen können, und mein Instinkt sagte mir, daß der leiseste Versuch eines direkten Kreuzverhörs sie veranlassen würde, sich in ihr Schneckenhaus zurückzuziehen; ich konnte nur stillsitzen und zuschauen, wie man es im Wald tut; ich mußte meinen Vogel ohne Gewehr erkennen, wie es Emerson empfiehlt.

Ralph Waldo Emerson (1803–1882), amerikanischer Essayist und Dichter, Exponent der transzendentalen Philosophie, der bis Anfang des 20. Jahrhunderts als bedeutendster geistiger Repräsentant seines Landes angesehen wurde. Er war gelegentlich in ED's Elternhaus und in dem benachbarten Haus ihres Bruders Austin zu Gast, ohne daß sie selbst ihm begegnete.

26. September 1870

Genug ist eine so große Süßigkeit, daß ich glaube, so etwas kommt nie vor – nur armselige Fälschungen – Sagenhaft für mich wie die Männer der Offenbarung, die „nicht mehr hungern werden.“ Selbst das Mögliche hat seinen unauflöslichen Bestandteil –

Nachdem Sie gegangen waren, nahm ich Macbeth und wandte mich nach „Birnams Wald“. Kam zweimal „nach Dunsinan“ – so dachte ich und ging an meine Arbeit.

Meine Erinnerung hat Ihr Kommen als einen ernsten, süßen Besitz aufbewahrt und ihn jetzt zum Unwirklichen gelegt –

„Ungefähres“ wird verändert –
Geister kamen „und nicht du.“

Die Vene kann der Schlagader nicht danken – aber daß sie tief in deren Schuld steht, muß selbst der Schwerfälligste zugeben, und so auch ich, die sich bemüht, deren Mühen lautlos bleibt.

Sie stellen große Fragen wie nebenbei. Sie zu beantworten, wären Ereignisse. (To answer them would be events.) Ich glaube, ich kann Ihnen vertrauen.

Ich bitte Sie, mir all meine Unwissenheit zu vergeben.

Ich finde keine Anerkennung so wohltuend wie Ihre Geringschätzung.

Sprechen Sie, wenn auch nur um Ihr gehorsames Kind zu tadeln.

Sie haben mir von Mrs. Lowell's Gedichten erzählt. Würden Sie mir sagen, wo ich sie finden kann oder sind sie nicht zu besichtigen?

Auch einen Ihrer Aufsätze, vielleicht den einzigen von Ihnen, den ich nicht kenne. Er war über ein „Türschloß".

Wollen Sie mir darüber schreiben? Wenn ich zuviel verlange, lehnen Sie es bitte ab – Die Kürze des Lebens hat mich kühn gemacht.

Die Ferne ist heute abend nah (Abroad is close tonight), und ich brauche nur die Hände zu heben, um die „Höhen Abrahams" zu berühren.

Dickinson

Das Zitat ist aus Offenbarung 7:16: „Sie werden nicht mehr hungern noch dürsten ..." Higginson hatte zwei Aufsätze für eine Frauenzeitschrift, *The Woman's Journal,* geschrieben, beide über das Thema Frauenrechte, der erste betitelt „Die unverschlossene Tür" ("The Door Unlatched") und der zweite „Das unverschlossene Tor" ("The Gate Unlatched"), die beide 1870 erschienen waren.

Maria White Lowell (1821–1853), verheiratet mit dem anerkannten amerikanischen Dichter und Literaturkritiker James Russel Lowell (1819–1891), mit dem sie sich gemeinsam aktiv für die Sklavenbefreiung einsetzte. Ihre eigenen Gedichte wurden, wie die von ED, zuerst in einer kleinen Auswahl nach ihrem Tod gedruckt und erst sehr viel später (1907 und 1936) in vollständigen Ausgaben veröffentlicht.

Ende 1872

Zu leben ist so aufrührend, es läßt nur wenig Raum für andere Beschäftigungen, obwohl Freunde, wenn möglich, ein noch schöneres Ereignis sind.

Ich bin glücklich, daß Sie die langersehnte Reise gemacht haben und beruhigt – daß meinem Meister weder Unfall noch Tod zugestoßen sind.

Stets neu den eigenen Besitz
Zu hamstern ist gescheit
Bedenken wir, wie unbegrenzt
Daß Maß der Möglichkeit.

Ich habe Ihren Namen oft in rühmlicher Erwähnung gesehen und beneidete eine für mich so enthaltsame Gelegenheit. (... and envied an occasion so abstinent to me.) Ich danke Ihnen, daß Sie in Amherst waren. Wenn Sie wiederkommen könnten, wäre es noch viel besser – aber der schönste Wunsch ist der vergebliche.

Als ich Sie zuletzt sah, war es Mächtiger Sommer – Jetzt ist das Gras aus Glas, die Wiese Stukkatur und „Stille Wasser" sind im Teich, wo der Frosch trinkt.

Dieses Verhalten des Jahres tut weh, fast wie Musik – die sich verändert, wenn sie uns am meisten wohltut. Danke für die „Lektion".

Ich werde sie studieren, obwohl bisher

Der Zirkusschau für mich
Mein Nachbar glich.

Ihre Schülerin

Higginson war im April 1872 nach Europa gefahren und im Juli zurückgekommen. Während dieser Zeit war sein Name häufig im *Springfield Republican* erwähnt worden. Am 3. Dezember 1873 hielt Higginson einen Vortrag in Amherst, und bei der Gelegenheit besuchte er ED zum zweiten (und letzten) Mal. Am 9. Dezember schrieb er an seine Schwestern: „[...] Ich sah meine exzentrische Dichterin Miss Emily Dickinson, die niemals den Umkreis ihres Vaterhauses verläßt & nur mich & ein paar andere Menschen sieht. Sie sagt, ‚es gibt immer etwas wofür man dankbar sein muß – man selbst zu sein & nicht jemand anders',– aber Mary findet das eigentümlich unangebracht in E. D.'s Fall. Sie [E. D.] kam hereingeschwebt, weiß gekleidet, mit einer *Daphne odora* für mich & sagte leise flüsternd ‚Wie lange werden Sie bleiben?'– Ich fürchte, Marys andere Bemerkung ‚Oh, warum hängen sich die Verrückten so an dich?– trifft weiter zu. Ich werde Euch einige ihrer Gedichte vorlesen, wenn Ihr kommt."

Juli 1874

An dem letzten Nachmittag, da mein Vater lebte, hatte ich, ohne jede Vorahnung, das Bedürfnis, bei ihm zu sein, und ich erfand eine Abwesenheit für Mutter, während Vinnie schlief. Er schien sich besonders zu freuen, weil ich meistens mit mir allein blieb, und als sich der Nachmittag verzog, sagte er, er „wünschte, er nähme kein Ende."

Seine Freude machte mich beinah verlegen, und als mein Bruder kam, schlug ich ihnen einen Spaziergang vor. Am nächsten

Morgen weckte ich ihn für den Zug – und sah ihn nicht wieder.

Sein Herz war rein und fürchterlich, und ich glaube, es existiert keins, das ihm gleicht.

Ich bin froh, daß es die Unsterblichkeit gibt – aber ich hätte sie lieber selbst ausprobiert – bevor ich ihn ihr anvertraute.

Mr. Bowles war bei uns – Außer ihm habe ich niemanden gesehen. Ich habe Sie herbeigewünscht, seit mein Vater starb, und wenn Sie eine unbesetzte Stunde hätten, wäre das beinah unschätzbar. Ich danke Ihnen für all Ihre Güte.

Mein Bruder und meine Schwester danken für Ihre Grüße.

Ihre schöne Hymne, war sie nicht prophetisch? Sie hat an jener Pause im Raum teilgenommen, die ich „Vater" nenne –

„Vinnie" – Lavinia Norcross Dickinson (1833–1899), ED's Schwester, die mit ihr den Haushalt versorgte. Nachdem die Mutter 1875 durch einen Schlaganfall gelähmt worden war, pflegten die Schwestern gemeinsam die Kranke bis zu ihrem Tode 1882.

„Ihre schöne Hymne" bezieht sich auf ein Gedicht von Higginson, das ED schon in einem früheren Brief erwähnt hatte und das in der Juninummer der Zeitschrift *Scribner's Monthly* erschienen war.

Frühjahr 1876

[...] Wenn ich an das einsame Leben meines Vaters denke und an seinen noch einsameren Tod, finde ich diese Entschädigung –

Nimm alles fort –
Das einzig Stehlenswerte bleibt –
Unsterblichkeit –

Mein frühester Freund schrieb mir in der Woche, bevor er starb: „Wenn ich lebe, komme ich nach Amherst – wenn ich sterbe, komme ich bestimmt."

Ist Ihr Haus abgelegener?

Ihre Schülerin

„Mein frühester Freund" war aller Wahrscheinlichkeit nach Benjamin Newton, der am 24. März 1853 starb und den ED hier zum dritten Mal in ihren Briefen an Higginson erwähnt. In ihrem Brief an Newtons Pastor, Reverend

Edward E. Hale, vom 13. Januar 1854 schrieb sie: „Mr Newton wurde für mich ein behutsamer und doch ernster Lehrer, der mich lehrte, was lesenswert war und mir zeigte, welche Autoren es zu bewundern gab, was das Größte und Schönste in der Natur war, und mir jene erhabenere Lehre mitgab, einen Glauben an die unsichtbaren Dinge und an ein neues Leben, das edler und glücklicher ist –

[...] als er von uns ging, war es wie ein älterer Bruder, innig geliebt und betrauert und erinnert. Während er in Worcester lebte, schrieb er mir oft und ich beantwortete seine Briefe ..."

Von der Korrespondenz zwischen ED und Newton ist nichts aufgefunden worden. Es ist daher anzunehmen, daß wichtige Briefe, die Aufschlüsse über ED's dichterische Entwicklung enthielten, schon frühzeitig vernichtet wurden.

1876

Die Natur ist ein Haus, in dem Geister umgehen – aber die Kunst – ein Haus, das den Umgang mit Geistern sucht. (Nature is a Haunted House – but Art – a House that tries to be haunted).

Dieser Satz steht für sich auf einer Seite, die möglicherweise einem (hier nicht abgedruckten) Brief beigefügt war.

Juni 1877

Lieber Freund,

Ich finde Sie mit der Dämmerung – denn der Tag ist müde und lehnt seine vorsintflutliche Wange an den Hügel wie ein Kind.

Die Natur ist jetzt mitteilsam –

[drei Zeilen über Mrs Higginson und ein vierzeiliges Gedicht]

Der Sommer ist so freundlich, daß ich hoffte, Sie würden kommen. Seit mein Vater starb, ist alles, was ich heilig hielt, so gewachsen, daß der Besitz undeutlich wurde – Als ich ein paar Jahre alt war – nahm man mich zu einer Beerdigung mit, die, wie ich jetzt weiß, besonders bedrückend war, und der Pfarrer fragte: „Ist der Arm des Herrn verkürzt, daß er nicht retten kann?"

Er unterstrich das „nicht". Ich verwechselte die Betonung mit einem Zweifel an der Unsterblichkeit, und da ich nicht zu fragen wagte, bedrängt es mich heute noch, obwohl wir wissen, daß der Geist des Herzens leben muß, selbst wenn sein kirchlicher Teil versagt. Würden Sie es mir erklären?

Ich habe gehört, daß Sie selbst früher ein Geistlicher waren. Es beruhigt einen Instinkt, wenn ein anderer es auch gefühlt hat. Ich habe Ihre „Decoration" wieder gelesen. Sie haben sie vielleicht vergessen.

[vier Gedichtzeilen]

Bitte grüßen Sie Mrs – Higginson –

Ihre Schülerin.

Mrs. (Mary) Higginson, nach deren Gesundheit ED sich vorher erkundigt hatte und die sie als „Ihre Freundin" bezeichnete, war lange krank gewesen. „Decoration" ist der Titel eines Gedichts von Higginson.

September 1877

Lieber Freund,

Wir müßten geringer sein als der Tod, um durch ihn verringert zu werden – denn nichts ist unwiderruflich außer uns. Ich bin froh, daß es Ihnen besser geht. Ich hatte Bedenken, Ihnen zu folgen, weil ich dachte, Sie wären lieber allein, wie das der Kummer will – aber die Zeitungen sprachen mit liebevoller Achtung von Ihnen, und zu wissen, daß man Ihrer innig gedenkt, ist vielleicht nicht allzu störend. Menschlich sein, ist mehr als göttlich sein, denn als Christus göttlich war, war er nicht zufrieden, bis er menschlich wurde.

Nichts war je so stark in meiner Erinnerung wie der Wunsch, Sie zu sehen –

Ich hoffe, Sie kommen –

Ich danke Ihnen, daß Sie mir von Ihrer Freundin sprachen.

Ich wollte wissen –

Sie erinnerte mich an Thermopylae – Hat sie gelitten – außer, daß sie Sie verlassen mußte? Das war vielleicht die Endsumme des Todes – Für die Hand, die ich niemals halten durfte, lege ich die meine bei und bleibe zärtlich

die ihre (Her's)

Soll ich den Ausschnitt behalten oder ist er zu heilig?

Mary Higginson war am 2. September 1877 gestorben. Higginson hatte ED eine Todesanzeige geschickt.

ED verband den Namen *Thermophylae* mit der Vorstellung von heroischer Tapferkeit im Angesicht des sicheren Todes. Sie benutzt dasselbe Bild in einem späteren Brief an Mabel Loomis Todd. Es ist eine Anspielung auf die Grabschrift des Simonides für die Spartaner, die bei Thermopylae fielen.

Frühherbst 1877

Lieber Freund,

Mein Denken ist so erfüllt von Ihnen, daß ich nicht umhin kann, wieder zu schreiben, zu fragen, ob Sie außer Gefahr sind?

Die Gefahr besteht nicht zu Anfang, denn dann sind wir bewußtlos, aber in den späteren – langsameren Tagen –

Suchen Sie nicht die Rettung – sondern lassen Sie die Erlösung zu Ihnen kommen – und sie wird Sie finden – Die Liebe ist ihre eigene Rettung, denn wir – selbst in unseren erhabensten Momenten, sind nichts als ihr schwankendes Sinnbild –

Ihre Schülerin –

NACHWORT

„Wenn der Ruhm mir gehörte“, schrieb Emily Dickinson an ihren „Mentor“ und Freund Thomas Wentworth Higginson, „könnte ich ihm nicht entfliehen“. In den hundert Jahren seit ihrem Tod hat der Ruhm sie von allen Seiten mit so gewaltigen – und zum Teil mißtönenden – Fanfarenklängen verfolgt, daß man ihr und sich selbst ein sicheres Versteck wünscht, um ihre eigene Stimme ungestört hören zu können. Besonders seit ihrer Neuentdeckung in den fünfziger Jahren ist diese „heimliche“ Dichterin, die jede Veröffentlichung als „Auktion des Menschengeistes“ bezeichnete, zum Allgemeingut geworden, das literarischen, biographischen, kulturhistorischen, linguistischen, feministischen und psychologischen Experten als unerschöpfliches Untersuchungsfeld dient. An erster Stelle steht hierbei natürlich die amerikanische Spezialliteratur mit mehr als dreißig umfangreichen Biographien und literaturkritischen Werken, abgesehen von unzähligen Aufsätzen in literarischen und akademischen Zeitschriften. Diese ungeheure Menge an Sekundärliteratur aus den letzten vier Jahrzehnten ist zum Teil darauf zurückzuführen, daß vor der Veröffentlichung der Harvard-Gesamtausgabe das Werk von Emily Dickinson nur in sehr fragmentarischer und fragwürdiger Form im Druck vorlag und sich dadurch einer umfassenden objektiven Untersuchung entzog.*

Zu Beginn der Dickinson-„Renaissance“ entstand eine Anzahl wichtiger biographischer und literarischer Studien, die noch heute als Standardwerke auf dem Gebiet der Dickinson-Forschung gelten und auf die ich an anderer Stelle zurückkommen werde. Im Gegensatz zu diesen ernsten und unvoreingenommenen Arbeiten findet man eine Fülle von Material, bei dem man zunehmend den Eindruck gewinnt, daß die meisten Spezialisten auf diesem Gebiet mit einer vorgeformten Auffassung an ihr Werk gehen, wobei jeder *die* Emily Dickinson entdeckt, die seiner ursprünglichen Vorstellung entspricht.

* *The Poems of Emily Dickinson,* ed. Thomas H. Johnson (Cambridge, Mass: Belknap Press of Harvard University Press, 1955)
The Letters of Emily Dickinson, ed. Thomas H. Johnson, Theodora Ward (Loc. cit., 1958)

Hier sei auf einige Beispiele der modernen „Psychobiographien" hingewiesen, die vielleicht eher die Bezeichnung Pseudobiographien verdienten. Dazu gehört das schon 1951 erschienene Buch "The Riddle of Emily Dickinson" von Rebecca Patterson, in dem die Autorin die Behauptung aufstellt, daß Emily Dickinsons Liebesgedichte an eine Frau gerichtet waren, eine Theorie, die ursprünglich wenig Anklang fand; sie wurde jedoch in den siebziger Jahren im Rahmen von Frauenstudien und sexuellen Unabhängigkeitsbewegungen wieder aufgegriffen, was zu weiteren Untersuchungen über Dickinsons weibliche Liebesobjekte führte. Eine andere moderne Auffassung wurde von Dr. John Cody vertreten, einem praktizierenden Psychoanalytiker, der anhand einer Reihe von Gedichten, ohne die chronologische Folge ihrer Entstehung zu berücksichtigen, das eindeutig klinische Bild einer sich allmählich entwickelnden psychotischen Erkrankung feststellt und die Gedichte mit den Produkten von Geisteskranken vergleicht. In seiner ausführlichen Analyse des Falles Dickinson sieht er die Ursache ihrer geistigen Störung vor allem in dem frühen Mangel an mütterlicher Liebe und dem damit verbundenen unbewältigten Ödipuskomplex.

Während er ihre Dichtung größtenteils als Resultat einer kompensatorischen Sublimierungsfunktion betrachtet, macht er nebenbei die Feststellung, daß „ihre Gedichte oft ein direktes Ventil für sie waren, wodurch sie eine Form von Erleichterung fand, die bei gewöhnlichen Menschen durch Weinen, Wutausbrüche und hysterische Anfälle ausgelöst wird[1]."

Mehr traditionell orientierte (meist amerikanische, aber auch europäische) Interpreten haben sich seit Jahren darum bemüht, Emily Dickinson in die Reihen der Transzendentalisten, der metaphysischen Dichter, der Imagisten, Mystiker, Surrealisten und nicht zuletzt auch Existentialisten einzuordnen, wobei ihr bedeutende Persönlichkeiten aus den entsprechenden Epochen als gleichwertige Partner gegenübergestellt wurden.

Es ist amüsant zu beobachten, wie verändert das Dickinson-Porträt im Rahmen verschiedener Kulturen erscheint. Zu einer Zeit, als Emily Dickinson noch immer von vielen ihrer "sweet countrymen" eine mangelnde Beherrschung der zivilisierten dichterischen Sprachregeln vorgeworfen wurde, hatten französische

Kritiker und Dichter wie André Maurois und Alain Bosquet durch Aufsätze und Übersetzungen ein aufnahmefähiges Publikum für sie gewonnen. Der Mallarmé-Spezialist Robert Goffin vergleicht ihr Genie mit dem des großen französischen Symbolisten und betont, wie viele andere französische Interpreten, den leidenschaftlich erotischen Charakter und die sexuelle Symbolik ihrer Dichtung. Dasselbe Gedicht ("I like to see it lap the miles"), das Goffin als Musterbeispiel sprachlicher Originalität und erotischer Vieldeutigkeit zitiert, wurde von dem amerikanischen Dichter und Kritiker Yvor Winters in einem berühmt gewordenen und immer wieder nachgedruckten Aufsatz als Ausdruck „alberner Verspieltheit" mit den vernichtenden Worten abgelehnt: „Das Gedicht ist abscheulich[2]." Auch das geringschätzige Urteil von R. P. Blackmur, einem ebenfalls einflußreichen Kritiker und Dichter aus der ersten Hälfte dieses Jahrhunderts, wird, obwohl es inzwischen als überholt gilt, heute noch in der Literaturgeschichte zitiert: „Sie war weder eine professionelle Dichterin noch eine Amateurin: sie war eine private Dichterin, die unermüdlich schrieb, wie andere Frauen kochen oder stricken[3]." (Man denkt hierbei unwillkürlich an Codys Analyse.)

Abgesehen von wenigen Ausnahmen, darunter vor allem eine wichtige Untersuchung von Hans Galinsky[4], hat sich die Literaturkritik in Deutschland bisher nur sehr sporadisch und in vorwiegend essayistischer Form mit Emily Dickinson befaßt. Umso häufiger wird ihr Name im Zusammenhang mit Heine, Kierkegaard, Nietzsche und Rilke genannt. Auch der wiederholte Versuch, Emily Dickinson als „die amerikanische Droste" einzuführen, hat sie dem deutschen Publikum kaum näher gebracht. Daß selbst Gottfried Benn zu gelegentlichen Vergleichen herangezogen wird, beruht offensichtlich ausschließlich auf einer gemeinsamen Vorliebe für Gedankenstriche.

Wo bleibt die wirkliche Emily Dickinson?

Es liegt nahe, zu behaupten, daß Emily Dickinsons Gedichte und Briefe die einzigen authentischen Aufzeichnungen über die wesentlichen Ereignisse enthalten, die ihr Schicksal bestimmten. Aber schon bei dieser „naheliegenden" Behauptung fühlt man sich zurechtgewiesen von ihren Worten: "Tell all the Truth but tell it slant –", mit denen sie, wie an vielen anderen Stellen, jede direkte

Aussage verweigert. Immer wieder führt sie den Leser unmittelbar an den Schauplatz ihres inneren Erlebens und läßt ihn, auf seine eigene Erlebnisfähigkeit vertrauend, teilnehmen, ohne ihm dabei einen Einblick in die persönlichen Hintergründe zu gestatten. Die schonungslose, oft schamlose Offenheit und Präzision im Ausdruck ihrer Gefühle – bei ebenso schonungsloser Beseitigung aller ursächlichen Gegebenheiten – trägt sicherlich zu der universellen Wirkung ihres Werkes bei; gleichzeitig liegt darin ein ständiger Anreiz zu neuen und häufig verstiegenen Interpretationen.

1974 erschien die umfassendste, aufschlußreichste und umfangreichste (über 800 Seiten) Dickinson-Biographie unserer Zeit: "The Life of Emily Dickinson" von Richard B. Sewall, ein Werk, das alle nachweisbaren Tatsachen, Ereignisse und Personen im Zusammenhang mit Emily Dickinson aufs gründlichste untersucht und sich außerdem mit den Theorien, Vermutungen und Legenden auseinandersetzt, die sich im Laufe der Jahrzehnte in der Literatur eingenistet hatten. Sewalls Biographie bestätigt die oben erwähnte Beobachtung, die auch früheren Biographen nicht entgangen war, daß Emily Dickinson selbst in ihren eigenen Worten nicht immer wörtlich verstanden werden will. So muß man auch bei der Zusammenfassung des biographischen Materials an die Bewertung ihrer Aussagen mit einiger Vorsicht herangehen.

Das Leben der Dichterin verlief äußerlich völlig undramatisch. Emily Elizabeth Dickinson wurde am 10. Dezember 1830 in der kleinen Universitätsstadt Amherst, Massachusetts, geboren. Sie starb am 15. Mai 1886 in dem Haus, in dem sie geboren wurde. Der Radius ihrer täglichen Aktivitäten beschränkte sich auf ihr Elternhaus und den Garten, dessen Grenzen sie kurz nach ihrem dreißigsten Lebensjahr nicht mehr überschritt.

Den früheren, nicht immer einwandfrei dokumentierten Biographien und „Enthüllungen" ist es nicht gelungen, eine eindeutig nachweisbare Begründung für ihr zurückgezogenes Leben zu finden. Viele der späteren Biographen, darunter auch Vertreterinnen der Frauenbewegung, erklären Emily Dickinsons Abkehr von der äußeren Realität als eine bewußte, radikale Ausschaltung von hinderlichen Verpflichtungen und Ablenkungen. Damit wird ihr selbstgewähltes inneres Exil zur unbeschränkten Freiheit, die es ihr erlaubte, im „Haus der Möglichkeit" zu wohnen und darin unbemerkt und ungestört ihr schöpferisches „Tagwerk" zu verrichten.

Sewall weist darauf hin, daß Emily Dickinson selbst in den Jahren ihrer weitgehenden Zurückgezogenheit nicht so völlig isoliert war, wie es ihren früheren Biographen erschien. Der ständige Austausch von Briefen war für sie von Kindheit an eine Lebensnotwendigkeit. „Ein Brief ist unser Erdenglück – Den Göttern nicht vergönnt"–. Diese Worte, die sie in zwei verschiedenen Briefen im Januar 1885 benutzt (einmal als Vers, das andere Mal als Prosa in den Text eingefügt), sind nur ein Beispiel unter vielen, mit denen sie ihre Vorliebe für diese Form des Kontaktes ausdrückt. (Vergleiche auch ihren Brief an Higginson vom Juni 1869, der mit den Worten beginnt: „Ein Brief ist für mich immer wie Unsterblichkeit ..."). Noch im letzten Jahr vor ihrem Tod, einem Jahr, in dem sie viele ihr nahestehende Menschen verloren hatte und selbst durch Krankheit geschwächt war, schrieb sie mehr als 60 Briefe an verschiedene Empfänger.

Was wissen wir über das wirkliche Leben dieser Frau, die von sich sagte „Ich wohne in der Möglichkeit" und sich in ihr viel mehr zu Hause fühlte als in der Prosa des täglichen Daseins? Wir wissen, daß sie in einer traditionsgebundenen puritanischen Umgebung aufwuchs und zu einer der alteingesessenen Familien des Ortes gehörte. Ihr Vater Edward Dickinson, ein angesehener Anwalt und erzkonservativer "Whig"-Anhänger, spielte eine führende Rolle bei allen öffentlichen Angelegenheiten in Amherst. Er war dreißig Jahre lang Finanzverwalter des Amherst College, das sein Vater, Samuel Fowler Dickinson, gegründet hatte. Im Laufe seiner lebenslangen politischen Tätigkeit bekleidete er eine Reihe hoher Gerichtsämter im Staat Massachusetts; 1852 wurde er zum Abgeordneten des Kongresses in Washington gewählt. Er war offensichtlich ein sehr beschäftigter Mann, der keinerlei Sinn für literarische Ausschweifungen hatte.

In einem sehnsüchtigen Brief an ihren Bruder Austin schrieb Emily 1851: „Es gibt bei uns jetzt nicht viel zu lachen, es ist ziemlich alles nüchterner Ernst, und wir lesen kaum Gedichte, da Vater beschlossen hat, daß so ziemlich alles das *wirkliche Leben* ist. Zwischen Vaters wirklichem Leben und *meinem* kommt es manchmal zu Zusammenstößen, aber bisher hat es keine Verletzungen gegeben." Immerhin betont Sewall, daß Vater Dickinson keineswegs so unmenschliche Züge trug, wie sie ihm von vielen Seiten angedichtet wurden, und daß Emily in ihrem Bruder Austin einen verständnisvollen Vertrauten hatte, mit dem sie sich, besonders in ihren frühen Briefen, in liebevoll ironischer Form über den Vater lustig machen konnte.

Wir wissen, daß sie als junges Mädchen heiter und übermütig war und an vielen Geselligkeiten teilnahm, wo sie durch ihren scharfen Witz und eine gewisse geistige Koketterie auffiel.

Von 1840 bis 1847 besuchte Emily die Amherst Academy, die einen ungewöhnlich vielseitigen Lehrplan und eine Anzahl anregender Persönlichkeiten als Lehrer aufzuweisen hatte. In dieser Zeit, in der sich ihr eine Fülle von neuen Möglichkeiten eröffnete, schrieb Emily an ihre Freundin Abiah Root: „Du weißt, daß ich immer in meine Lehrer verliebt bin." Hier fand sie einen ihrer ersten „Meister" in Leonard Humphrey, dem jungen Direktor der Academy, der schon zwei Jahre nach der Übernahme seines Amtes starb und dessen Tod sie als ihren ersten schweren persönlichen Verlust schilderte. (Der Begriff „Meister" war für sie ein Ausdruck höchster Verehrung und Bewunderung, der unter anderem auch in den Entwürfen zu den späteren „Meister"-Briefen auftaucht, die sie an einen bisher unbekannt gebliebenen Empfänger schrieb).

Im September 1847 wurde Emily zur weiteren Ausbildung nach South Hadley ins Mount Holyoke Female Seminary geschickt, wo sie häufig krank war, oft über Heimweh klagte, sich angeblich als einzige Schülerin weigerte, an einem öffentlichen Bekenntnis zum wahren Christentum teilzunehmen und schließlich nach zwei Semestern ihr Studium mit der Begründung abbrach, daß ihr Vater es so beschlossen habe.

In den folgenden Jahren entwickelte sich eine intime Freundschaft zwischen Emily und Susan Gilbert, der späteren Frau von Austin, der sie fast täglich zärtliche Briefe schrieb und eine sehr große Anzahl ihrer Gedichte anvertraute. Nach der Heirat von Austin und Susan entstanden Spannungen zwischen den beiden Frauen, die sich im gleichen Maße wie die wachsenden Spannungen zwischen den Ehepartnern verstärkten. Aber trotz der zeitweisen Entfremdung zwischen Emily und Sue sandte Emily immer wieder liebevolle Botschaften an die „Schwester im Nebenhaus“, wie sie die Schwägerin nannte.

Wir wissen, daß sie in den Jahren zwischen 1858 und 1862 eine überwältigende schöpferische Aktivität entfaltete. Zu dieser Zeit begann sie, ihre Gedichte in Gruppen von 18 bis 20 Exemplaren zusammenzustellen und die gefalteten Seiten, je vier bis fünf in jeder Gruppe, am Rand sorgfältig mit Nadel und Faden aneinander zu heften. Die in diesen Faszikeln enthaltenen Reinschriften umfassen 561 Gedichte, darunter 366 allein aus dem Jahr 1862. Viele Anzeichen, vor allem der Inhalt einer großen Anzahl dieser Gedichte, sprechen dafür, daß sie sich in einer schweren seelischen Krise befand und daß ihr Mut, sich bis an die äußerste Grenze der eigenen Verzweiflung zu wagen, verbunden mit der Fähigkeit, eine Sprache für das Unaussprechliche zu finden, sie vor dem totalen Zusammenbruch rettete.

Über die Ursachen dieser psychischen Krise ist viel geschrieben worden, aber bisher haben alle Spekulationen, Mutmaßungen und sensationellen Enthüllungen zu keinem definitiven Resultat geführt. Die vergebliche Suche der Biographen nach dem „verlorenen Geliebten“, wobei ein Kandidat nach dem anderen aufgestellt und wieder abgesetzt wurde, ist vorübergehend zum Stillstand gekommen. Benjamin Newton, den sie mehrmals in ihren Briefen an Higginson erwähnt, und Leonard Humphrey, ihr zweiter frühverstorbener „Meister“, gehörten offenbar zu den Empfängern jener unvermeidlichen, schwärmerischen Liebe, die Emily nach ihren eigenen Worten, all ihren Lehrern entgegenbrachte.

Ihre Beziehung zu dem Pfarrer Charles Wadsworth ist problematischer, weil das biographische Material hierüber hauptsächlich aus Lücken besteht. Daher ist es der Forschung bislang nicht gelungen, festzustellen, ob Emily bei ihrem Aufenthalt in Philadelphia im März 1855 Wadsworth persönlich kennenlernte oder ihn zumindest von der Kanzel sprechen hörte. Es ist möglich, daß sie zunächst eine seiner Predigten zu lesen bekam und davon so beeindruckt war, daß sie daraufhin eine jahrelange Korrespondenz mit ihm einleitete, wie sie es später mit Higginson tat. Von diesem Briefwechsel ist nichts erhalten geblieben außer einem unpersönlich-seelsorgerischen Brief an sie. Wir wissen aus ihren schriftlichen

Mitteilungen an andere Freunde, daß Wadsworth sie zweimal unerwartet in Amherst besuchte und bei seinem letzten Besuch, im August 1880, davon sprach, daß er „jederzeit sterben" könne. ("I am liable at any time to die.")

Nach seinem Tod schrieb sie an die Brüder Clark, die mit Wadsworth befreundet waren, über ihre „intime Beziehung" zu ihrem „geliebten Pastor", aber gleichzeitig geht aus ihren Fragen hervor, daß vieles, was ihn betraf, für sie so unerforschlich geblieben ist wie die Umstände ihres eigenen Lebens für andere.

Wadsworth war berühmt als passionierter Prediger, der seine Gemeinde oft mit einem „schalkhaften Humor" überraschte, eine Eigenschaft, die selbst Mark Twain bewunderte. Die Briefe an seine Frau Jane, von denen Sewall einige Beispiele zitiert, sind überzeugende Beweise dafür, daß seine Liebe zum Beruf nur von der Liebe zu seiner Familie übertroffen wurde.

Es ist durchaus vorstellbar, daß Emily aus einer flüchtigen Begegnung oder einer weitgehend einseitigen Korrespondenz eine intime Beziehung konstruierte, in der sie Wadsworth als Muse für ihre Dichtung benutzte. Wenn man andererseits ihre Worte ernst nimmt, ist es genauso vorstellbar, daß zumindest eine schriftliche Intimität existierte, die auf einer tieferen Wesensverwandtschaft beruhte und für beide gleich wichtig war. Sewall schreibt, daß „einige der Parallelen zwischen Stellen in seinen Predigten und Emilys Gedichten verblüffend sind, obwohl sie nichts anderes beweisen als eine Affinität des Geistes und der Imagination."

Hier noch ein kleiner Beitrag zu dem allgemeinen Rätselraten: Emily schrieb ihren ersten Brief an Higginson (15. April 1862) kurz vor der Übersiedlung von Wadsworth und seiner Familie nach San Francisco. In ihrem folgenden Brief heißt es: „Ich hatte einen Schrecken – seit September – über den ich mit niemand sprechen konnte." Sewall sieht darin einen möglichen Hinweis auf ihren inneren Zustand im Zusammenhang mit der bevorstehenden – für sie unüberbrückbaren – Entfernung. Ungefähr zur selben Zeit (ca. 1862; wie die meisten ihrer Gedichte nicht genauer datierbar) schrieb sie: „Ich kann nicht leben mit Dir" ("I cannot live with You-"), ihr längstes Gedicht, das einige –, für Emily Dickinson ungewöhnliche – persönliche Anspielungen enthält. Es ist an einen Mann gerichtet, der Gott diente und dessen Leuchten selbst im

Paradies das Gesicht von Jesus überstrahlen würde, eine blasphemische Vorstellung, in der sie sich ausdrücklich zu einer gemeinsamen Auferstehung mit dem Geliebten für untauglich erklärt. Besonders die letzte Strophe, in der das Meer – neben dem Gebet und der Verzweiflung – als „Türspalt" für eine Begegnung offenbleibt, verstärkt die Hoffnungslosigkeit der Beziehung angesichts der geographischen Trennung, ohne jedoch die Verbindung ganz zu zerstören.

So verlockend und anregend Spekulationen dieser Art auch sein mögen, gelangt man dabei doch letzten Endes zu dem Ergebnis, daß es fruchtbarer ist, sich mit dem vorhandenen dichterischen Niederschlag von Emilys Leidenschaft zu befassen, anstatt weiter dem Phantom des unbekannten Geliebten nachzujagen.

Im Laufe der Jahrzehnte war es der Legendenbildung gelungen, die historische Persönlichkeit von Emily Dickinson weitgehend und scheinbar endgültig mit der Rolle der exzentrischen alten Jungfer zu identifizieren, die in ihrem eigenen Haus herumspukte, tagsüber nur mit Blumen, Bienen und Schmetterlingen verkehrte und sich – immer in makelloses Weiß gekleidet – auf ihr Rendezvous mit dem Tod vorbereitete, dem „gewandten Freier, der zuletzt gewinnt" ("Death is a supple Suitor"). Diese Legende wurde fast siebzig Jahre nach ihrem Tod durch eine überraschende Entdeckung mit einer neuen Wirklichkeit konfrontiert. 1954 veröffentlichte Millicent Bingham Todd, die Tochter von Emilys erster Herausgeberin Mabel Todd, ein Buch unter dem Titel: "Emily Dickinson: A Revelation". Die Enthüllung, die auf einer Reihe von Briefentwürfen Emilys beruht, bietet unwiderlegbares Beweismaterial dafür, daß es in ihrem Leben, wenn auch zu einem späten Zeitpunkt, eine befriedigende Beziehung zu einem realen Liebhaber gegeben hatte. Dieser Geliebte war Otis Phillips Lord, ein Kollege und gleichaltriger Freund ihres Vaters, ebenfalls ein Erzkonservativer und „Whig"-Anhänger, der wie Edward Dickinson eine führende politische Rolle spielte und als „einer der fähigsten Männer im Staat Massachusetts" galt. Während öffentliche Zeugenaussagen seine Strenge und gelegentlich einschüchternde Haltung als Richter betonten, verband ihn mit Emily – neben anderen Freuden – die Freude am Spaß, an entspannenden Unterhaltungen und die Liebe zu Shakespeare.

Die Briefentwürfe, deren Veröffentlichung aus legalen Gründen so lange aufgeschoben wurde, sind fragmentarisch, größtenteils undatiert und anscheinend von Austin, der sie ursprünglich aufbewahrte, einer radikalen Zensur mit der Schere unterworfen worden. So ist daraus nicht zu ersehen, wann die Beziehung ihren Anfang nahm, wie sie sich entwickelte und ob eine Ehe, über die Emily verschiedene Andeutungen macht, ernsthaft in Erwägung gezogen wurde. Judge Lord war vierunddreißig Jahre verheiratet gewesen, als seine Frau nach langer Krankheit starb. Ihr Todestag fiel mit Emilys siebenundvierzigsten Geburtstag zusammen. Es ist bekannt, daß die Nichte seiner Frau, die Judge Lords Haushalt in Salem, Massachusetts, weiterführte, sich einer Ehe zwischen Emily und ihrem Onkel energisch widersetzte. Gleichzeitig kann man auch aus einigen Stellen von Emilys Briefen schließen, daß sie selbst es vorzog, ihr „liebstes Salem" (eins ihrer Koseworte für Judge Lord) in Amherst zu empfangen und in ihrem eigenen Haus ihre Unabhängigkeit von der Außenwelt, verbunden mit den Höhepunkten seiner Besuche, zu genießen.

Die folgende Stelle aus einem Brief an den Freund (1. Mai 1882) ist ein charakteristisches Beispiel für die Mehrdeutigkeit ihrer Aussagen:

„Unser gemeinsames Leben war lange Verzeihen auf Deiner Seite mir gegenüber. Daß meine ländliche Liebe Deine Hermelingefilde unbefugt betrat, konnte nur ein Fürst verzeihen – Ich habe nie vor anderen gekniet – Der Geist [ist] nie ein zweites Mal der gleiche, sondern jedes Mal ein anderer – der andere göttlicher. Hätte ich ihn doch früher gefunden! Aber Zärtlichkeit hat kein Datum – sie kommt – und überwältigt.

Die Zeit vorher hat nicht gezählt, so bleibt sie unerwähnt. Was da ist, reicht für alle Zeit und macht die Zeit zu nichts."

(Our Life together was long forgiveness on your part toward me. The trespass of my rustic Love upon your Realms of Ermine, only a Sovreign could forgive – I never knelt to other – The Spirit never twice alike, but every time another – that other more divine. Oh, had I found it sooner! Yet Tenderness has not a Date – it comes – and overwhelms.

The time before it was – was naught, so why establish it? And all the time to come it is, which abrogates the time.)

Aus der ersten Zeile könnte man entnehmen, daß die Beziehung seit langer Zeit bestand. Dem widerspricht der Wunsch: „Hätte ich ihn doch früher gefunden!" In dem versteckten Vierzeiler, „Die Zeit vorher hat nicht gezählt", hebt sie die Zeit endgültig auf. Der Satz: „Ich habe nie vor anderen gekniet –" wird gelegentlich als Beweis dafür zitiert, daß Lord ihre erste und einzige Liebe war, oder auch dafür, daß sie damit die „anderen" verleugnete. In einem einleuchtenderen Zusammenhang gesehen, bedeuten diese Worte, sie hätte nie vor Geringeren gekniet. Dem entspricht auch der folgende Satz: „Der Geist [ist] nie ein zweites Mal der gleiche ..."

Es ist anzunehmen, daß zwischen Emily und ihrem „liebsten Salem" keine derartigen Verständnisschwierigkeiten existierten. Die „zeitlose Zärtlichkeit", die sie mit ihm verband, hielt an bis zu seinem Tod am 13. März 1884. Wenige Monate danach hatte Emily einen Anfall von Bewußtlosigkeit, der zunächst auf nervöse Erschöpfung zurückgeführt wurde. Es war der Beginn einer Nierenerkrankung, die zwei Jahre später zu ihrem Tod führte. Ihre letzte Botschaft (Mai 1886), an die Schwestern Norcross gerichtet, besteht aus den Worten:

"Little Cousins,
Called back.
Emily."[5]

1963 schrieb Richard B. Sewall in der Einleitung zu seiner Auswahl von Essays über Emily Dickinson, daß das biographische Problem, trotz der Menge des neu zugänglich gemachten Materials, immer noch existiere. Die Situation sei ähnlich wie bei Shakespeare, bei dem man sich fragte, wie dieser Bursche vom Lande solche Stücke schreiben konnte? „Wir suchen nach Quellen in ihrem äußeren Leben, die uns Auskünfte über das reiche und anschauliche Leben der Gedichte geben könnten und stehen bei fast jeder Wendung vor einem unüberwindlichen Hindernis."[6] Sewalls große Dickinson-Biographie von 1974, die ich als Hauptquelle für meine biographische Skizze benutzt habe, zeigt nur allzu deutlich, wie wenig sich in der Zwischenzeit an dieser Situation geändert hat.[7]

Es ist ein Paradox, daß Emily Dickinsons „Leben nach dem Tod" viel zugänglicher und dadurch konkreter dokumentierbar wurde, als es vorher gewesen war. Die anschaulichste und eingehendste Untersuchung dieses Themas lieferte Klaus Lubbers in seinem Buch „Emily Dickinson: The Critical Revolution“[8], das die wissenschaftliche Gründlichkeit des Literaturhistorikers mit detektivischem Spürsinn vereint und eine Fülle von faszinierenden Details über Emily Dickinsons Wirkung in der Öffentlichkeit (von 1862–1962) enthält.

Hier soll die komplizierte Editionsgeschichte nur kurz zusammengefaßt werden. Während es Emilys Natur entsprach, ihr Leben in einen „feurigen Dunst“ zu hüllen, in dem sie sich mehr oder weniger unsichtbar machen konnte, kam es nach ihrem Tod zu äußerst dramatischen, selbst melodramatischen, öffentlichen Auftritten und Auseinandersetzungen zwischen den verschiedenen Parteien, die sich mit ihrem literarischen Nachlaß befaßten. Zunächst war es ihre Schwester Lavinia, die eine ungeahnte Menge von Manuskripten in einer verschlossenen Truhe entdeckte. Lavinia war von Emilys Genie überzeugt, hatte aber wenig Erfahrung mit Lyrik und noch weniger mit Verlegern und geschäftlichen Angelegenheiten. So wandte sie sich zuerst mit der Bitte um Hilfe an ihre erfahrenere Schwägerin Sue, die aber trotz ihrer literarischen und gesellschaftlichen Beziehungen nichts für Emilys Gedichte erreichen konnte und das Material wieder zurückgab. Lavinia fand schließlich eine willige und begabte Helferin in Mabel Loomis Todd, die bereit war, die schwierige Aufgabe des Abschreibens zu übernehmen und sich um einen Verleger zu bemühen.

An dieser Stelle muß der sachliche Bericht durch weitere „Enthüllungen“ unterbrochen werden, die in Sewalls Biographie zum ersten Mal ausführlich dokumentiert wurden und einen entscheidenden Einfluß auf den Verlauf der Editionsgeschichte hatten. Mrs. Todd war als junge Frau mit ihrem Mann, dem Astronomieprofessor David Todd, 1881 nach Amherst gekommen. Innerhalb von zwei Jahren entwickelte sich ein langanhaltendes und leidenschaftliches Verhältnis zwischen Mabel Todd und Austin Dickinson, das schon zu Emilys Lebzeiten ein stadtbekanntes Geheimnis war. Sewall zitiert eine Eintragung aus dem Tagebuch von Mabels Tochter Millicent Todd Bingham aus dem Jahr 1951: „Wie wirkte es auf Emily? Sie war froh, daß Austin nach seinem fast gänzlich ruinierten Leben etwas Wohltuendes gefunden hatte. Wie meine Mutter sagte, ‚Emily hatte immer Respekt für echte Gefühle'." Auch David Todd respektierte anscheinend die Gefühle seiner Frau, und Austin, als Nachfolger seines Vaters am Amherst College, zählte offiziell weiter zu den Stützen der Gesellschaft, aber die Beziehung hatte letzten Endes tragische Folgen für alle Beteiligten. Nach Emilys Tod kam es allmählich zu einem völligen Zerwürfnis zwischen ihrer Schwester Lavinia und Susan, der ehemaligen „Schwester im Nebenhaus", wobei Mabel Todd zum Mittelpunkt der beiderseitigen Intrigen wurde.

Trotz einer scheinbar endlosen Reihe von technischen und psychologischen Schwierigkeiten gelang es Mabel Todd nach vierjähriger Arbeit des Abschreibens, zuerst Higginson und dann durch ihn einen Verleger für eine erste Veröffentlichung zu interessieren.

Hier ist zu erwähnen, daß zu Emilys Lebzeiten nicht mehr als sieben Gedichte – und diese anonym – erschienen waren. Higginson war nicht der einzige literarische Berater, der ihr von einer Veröffentlichung abgeraten hatte. Samuel Bowles, ein Freund der Dickinsons und Herausgeber des *Springfield Republican,* hatte ihr Gedicht "I taste a liquor never brewed", mit einem Titel und verschiedenen „Verbesserungen" versehen, am 4. Mai 1861 in seiner Zeitung gedruckt. Dies erfolgte nach einer jahrelangen Korrespondenz, in deren Verlauf sie ihm eine große Anzahl ihrer Gedichte geschickt hatte. Ein weiteres Gedicht, ebenfalls von Bowles betitelt und „den Regeln entsprechend" umgearbeitet, erschien am 14. Februar 1866. (Sie schrieb darüber an Higginson in ihrem Brief von Anfang 1866: „Falls Sie meiner Schlange begegnen ...") Die Indifferenz ihrer literarischen Freunde mag dazu beigetragen haben, daß sie die vielfachen Ablehnungen ihres eigenen dichterischen Ausdrucks schließlich mit einer vollständigen Ablehnung gegen jegliche Veröffentlichung kompensierte. Die Aufforderung von Thomas Niles, einem Herausgeber des Verlages Roberts Brothers in Boston, der sie im April 1882 bat, einen Band ihrer Gedichte im Druck erscheinen zu lassen, beantwortete sie mit einer indirekten Absage, indem sie ihm statt eines größeren Manuskriptes nur ein kleines Gedicht schickte. Niles gehörte wie Bowles und Higginson zu den literarischen Persönlichkeiten, die sie ständig mit Proben ihrer Kunst versorgte.

Die erste Ausgabe einer kleinen Auswahl der Gedichte von Emily Dickinson, herausgegeben von Mabel Loomis Todd und T. W. Higginson, erschien am 12. November 1890 bei Roberts Brothers, nachdem Niles sehr zögernd und widerwillig seine Einstimmung dazu gegeben hatte. Diese Ausgabe war nach wenigen Wochen vergriffen, weitere Auflagen folgten in kurzen Abständen. Higginson hatte sich inzwischen so sehr von Mabel Todds Begeisterung anstecken lassen, daß er durch Vorträge und Artikel über seine ehemalige „Schülerin" ein größeres verständnisvolles Publikum zu erreichen suchte. Die Reaktion der Kritik war gemischt; die Rezensenten wetteiferten miteinander in der Benutzung von vagen Adjektiven, die mehr über ihre eigene Unsicherheit gegenüber dem Phänomen Emily Dickinson aussagten als über die Bedeutung der Gedichte.

Durch den zunehmenden Erfolg ermutigt, brachten T. W. Higginson und Mabel Loomis Todd 1891 eine zweite Auswahl der Gedichte heraus, deren fünfte Auflage 1893 erschien. Es folgten 1894 die "Letters of Emily Dickinson", eine zweibändige Ausgabe, und 1896 eine dritte Sammlung von Gedichten, herausgegeben von Mabel Loomis Todd, die noch im selben Jahr eine zweite Auflage erlebte.

Nach dem Tod von Austin Dickinson (16. August 1895) steigerte sich die Intensität der Intrigen zwischen den feindlichen Parteien: Lavinia, Susan und Mabel. Unter dem Einfluß ihrer Schwägerin Susan strengte Lavinia Dickinson im November 1896 gegen ihre ehemalige Freundin und Helferin Mabel Loomis Todd einen Prozeß an, der großes öffentliches Aufsehen erregte und sich bis zum April 1898 hinzog. Er endete damit, daß Mrs. Todd gezwungen wurde, ihren Anspruch auf ein Stück Land zurückzunehmen, das ihr Austin als Entgelt für ihre Bemühungen vermacht hatte. Mrs. Todd gab mit ihrem Anspruch auch ihre Arbeit an den Dickinson-Manuskripten auf. Diese verwickelten persönlichen Umstände führten dazu, daß 665 Gedichte von Emily Dickinson in einer Kampferholztruhe verschlossen wurden und dort für die nächsten fünfunddreißig Jahre unangerührt blieben.

Die allmähliche und bruchstückweise Herausgabe des nachgelassenen Werkes von Emily Dickinson hat sich über einen Zeitraum von fast siebzig Jahren hingezogen. Achtzehn Jahre nach der ersten Veröffentlichung erschien 1914 eine neue Auswahl von Gedichten ("The Single Hound"), herausgegeben von Martha Dickinson Bianchi, der Tochter von Austin und Susan. Darauf folgten, wiederum in größeren Abständen, weitere Auswahlbände von Gedichten und Briefen, ebenfalls von Martha Dickinson Bianchi herausgegeben und mit äußerst irreführenden biographischen Ausschmückungen versehen. Auch die Gedichte waren, dem Geschmack der Zeit gemäß und ihrem eigenen ästhetischen Gefühl entsprechend, von Mrs. Bianchi „bearbeitet" worden.

Nach dem Tod von Mabel Loomis Todd (1932) übernahm ihre Tochter Millicent Todd Bingham die Redaktion der bis dahin verborgen gebliebenen Manuskripte, die sie in relativ authentischer Wiedergabe zur Veröffentlichung brachte.

Mit dem Erscheinen der dreibändigen Ausgabe der Harvard University Press im Jahre 1955 wurden sämtliche 1775 Gedichte von Emily Dickinson zum ersten Mal in unveränderter Form dem Publikum zugänglich gemacht. Diese „Variorum"-Ausgabe enthält alle alternativen Fassungen von Gedichten, Strophen, Zeilen und Worten, die Emily Dickinson entweder benutzt oder auch nur als Möglichkeit in Erwägung gezogen hatte, und erschließt damit ein weiteres, schier unerschöpfliches Gebiet für künftige Forschungen. Thomas H. Johnson, der Herausgeber der „definitiven" Ausgabe, hat sämtliche Eigenarten in Bezug auf Interpunktion, Versbrechung, „ungereimte" Reime, uneinheitliches Versmaß und andere unorthodoxe Sprachformen, die die früheren Herausgeber ausgemerzt oder „verbessert" hatten, dem Originalmanuskript entsprechend wieder eingesetzt.

Drei Jahre nach dem Erscheinen der Gedichte in der Harvard-Ausgabe veröffentlichte Thomas H. Johnson in Zusammenarbeit mit Theodora Ward die dreibändige Ausgabe der Briefe von Emily Dickinson. Damit endet die Editionsgeschichte, die in vielen ihrer Einzelheiten nicht weniger umstritten ist als die überlieferte Geschichte ihres Lebens. Die Frage nach der „wirklichen" Emily Dickinson wird ihr Leserpublikum sowie die Experten noch bis weit in das nächste Jahrhundert hinein beschäftigen.

Lola Gruenthal
New York

[1] John Cody, *After Great Pain: The Inner Life of Emily Dickinson* (Cambridge, Mass.: The Belknap Press of Harvard University, 1971), S. 489.
[2] Yvor Winters, "Emily Dickinson and the Limits of Judgment", in *Emily Dickinson: A Collection of Critical Essays,* ed. Richard B. Sewall (Englewood Cliffs, N. J., Prentice-Hall, Inc.), S. 28–40.
[3] R. P. Blackmur, "Emily Dickinson: Notes on Prejudice and Fact", *The Southern Review,* III (Autumn 1937) S. 346.
[4] Hans Galinsky, *Wegbereiter moderner amerikanischer Lyrik: Interpretations- und Rezeptionsstudien zu Emily Dickinson und William Carlos Williams.* Heidelberg 1968.
[5] *Called Back* („Zurückgerufen") war der Titel eines Buches von Hugh Conway, einem damals außerordentlich beliebten englischen Schriftsteller. Emily hatte darüber im Januar 1885 an ihre Kusinen geschrieben: „Es ist eine Geschichte, die einen verfolgt". ("It is a haunting story ...") So „telegrafierte" sie ihren endgültigen Abschied von der Welt mit einem Zitat.
[6] Richard B. Sewall, Einleitung zu *Emily Dickinson: A Collection of Critical Essays,* Loc. cit., S. 5.
[7] Richard B. Sewall, *The Life of Emily Dickinson* (New York: Farrar, Straus and Giroux, 1974, 1980).
[8] Klaus Lubbers, *Emily Dickinson: The Critical Revolution* (Ann Arbor: The University of Michigan Press, 1968).

INHALT